태신자를 위한
무릎기도문

특별히 ________________ 님께

이 소중한 책을 드립니다.

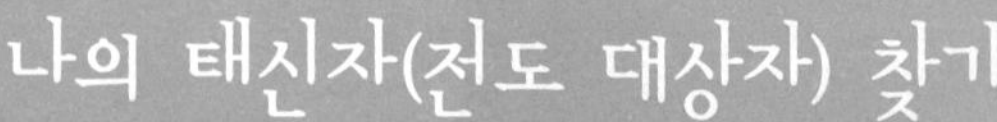

나의 태신자(전도 대상자) 찾기

1. 먼저 꼭 전도하고 싶은 사람(요즘 경제적으로나 가정적으로
   나 건강...등으로 어려움을 당하고 있는 사람/이웃에 이사나
   직장에 새로 부임한 사람/인생문제나 종교문제에 대해 관심
   이 있거나 고민하고 있는 사람/자주가는 단골집 사람/친인
   척이나 학연, 지연으로 아는 사람...)을 생각 하십시오.

2. 이제 "주님, 제가 누구에게 전도 할까요?"를 물으며 기도 하
   십시오.
   누가 떠오릅니까? 그가 누구든 주님은 그 사람을 당신의 태
   신자로 품기 바라고 계십니다.
   그 사람에 대해 아래 도표에 기록 하십시오.(4명만)

No	성명	성별	특징
1			
2			
3			
4			

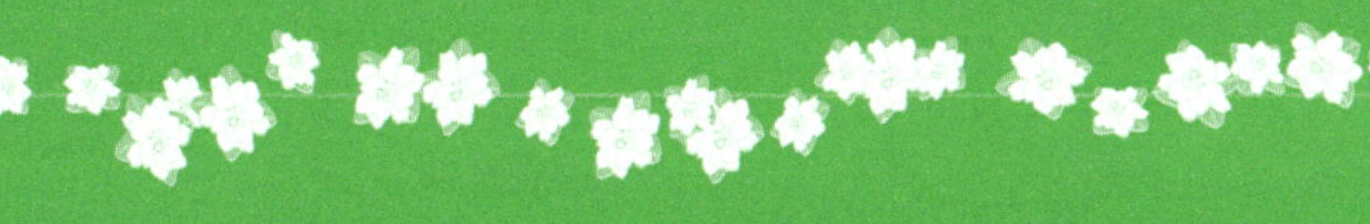

3. 주님이 태신자들을 꼭 구원 받게 하실 것을 믿고 먼저 감사 기도를 하십시오.

4. 한사람, 한사람 태신자 이름을 불러가며 열정과 지혜와 인내를 가지고 전도 할 수 있게 해달라고 기도 하십시오.

5. 4번을 기도 할 때 떠오르는 생각이 있으면 기록해 놓으십시오. 주님이 전도법을 가르쳐 주신 것 일 수 있습니다.

6. 목회자나 믿음의 식구들에게 태신자의 이름과 특징을 알리고 함께 기도해 줄 것을 부탁 하십시오.

7. 태신자에게 "당신은 나의 태신자 입니다. 당신이 구원받기를 기도하고 있습니다."라고 직접 또는 문자나 메일로 알려 주십시오.

8. 이제 책의 순서에 따라 간절한 마음으로 기도 하십시오.

9. 간혹 신앙에 좋은 글이나 영상을 카톡이나 SNS로 보내주고, 믿는데 도움이 되는 책을 선물해 주십시오(유튜브나 인터넷 검색창에 「태신자」로 검색하십시오).

태신자에게 내가 해야 할 일

– 먼저 주님께 도와주기를 기도 한 다음–

1. 태신자에 대한 선입견이나 편견을 갖지 마십시오.
2. 태신자가 호감을 갖게, 친절하게 대 하십시오.
3. 태신자의 신앙에 대한 생각을 들어 보십시오.
4. 태신자의 눈높이에 맞춰서 대화 하십시오.
5. 태신자가 잘 되길 기도하고 있다고 자주 전하십시오.
6. 태신자가 좋은 신앙 간증을 읽거나 듣게 해 주십시오.
7. 태신자가 어려운 일을 당했을 때 도와주십시오.
8. 태신자를 좋은 모임이나 교회 행사에 초대 하십시오
9. 태신자에게 가르치는 자세로 많은 말을 하기 보다는
   할 수 있으면 태신자의 말을 많이 들어 주십시오.
10. 태신자에게 나의 신앙 간증을 들려주십시오.

태신자를 위한 무릎 기도문

나침반

이 책의 사용 방법

1 기도를 시작하기 전, 태신자(전도대상자)의 신상카드를 기록하십시오.

2 태신자를 가슴에 품고 기도하기로 작정한 날부터 기도를 시작하십시오.(예, 달력상 15일에 시작하셔도 기도문은 1일부터 시작하십시오.)

3 30일 동안 매일 적당한 시간을 내어 기도하십시오.

4 기도하시는 동안 전화나 심방을 통해 태신자의 마음을 열도록 노력하십시오. 또한 친절을 베푸는 일도 잊지 마십시오.

5 5일이 지날 때마다 태신자의 마음을 점검하는 체크표에 기록하십시오.

Contents _차례

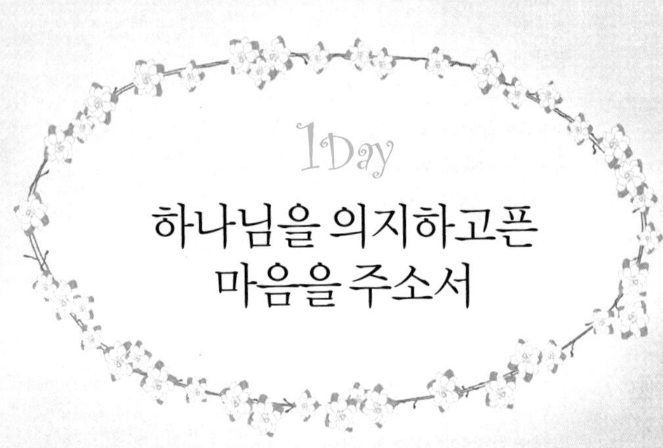

하나님을 의지하고픈
마음을 주소서

우리가 기도하는 것은,

우리가 할 수 있는 것이 없음을 알고,

우리의 연약함과 어리석음을 알고,

강하고 힘있는 분이 우리를 인도하실 것을 믿기에

기도하는 것입니다.

 먼저 말씀을 묵상하십시오.

내가 하나님을 의지하여 그의 말씀을 찬송하며 여호와를 의지하여 그의 말씀을 찬송하리이다 시 56:10

우리는 우리 자신이 사형 선고를 받은 줄 알았으니 이는 우리로 자기를 의지하지 말고 오직 죽은 자를 다시 살리시는 하나님만 의지하게 하심이라 고후 1:9

나의 하나님이여 내가 주께 의지하였사오니 나를 부끄럽지 않게 하시고 나의 원수들이 나를 이겨 개가를 부르지 못하게 하소서 시 25:2

다음 페이지의 기도문을 읽으면서 마음을 다해 기도하십시오.

주님, ○○○(전도대상자 이름)를 위해 기도하게
하심을 감사합니다.
제 자신을 하나님 앞에 내려놓으며 기도를 시작합
니다.
한 생명을 천하보다 귀하게 여기시는 주님의 마음
을 본받는 제가 되게 하여 주옵소서.
한 사람을 주님께로 인도하는 일은 저의 능력 밖의
일입니다. 하지만 주님의 능력을 의지하여 ○○○
가 하나님의 자녀 되기를 기도드립니다.

○○○는 세상을 의지하고 자신을 의지하며 살아
갑니다.
참으로 마음 아프고 그 영혼이 불쌍합니다.
○○○가 하나님을 의지하고 싶은 마음을 심어 주
옵소서.

하나님을 경외하며 그의 명령을 지키며 그의 목소리를 청종하며 그를 섬기며 그를 의지하라 신 13:4 고 하신 말씀을 지키고 그 복을 누리는 ○○○가 되도록 도와주옵소서.

하나님 없는 삶이 얼마나 무의미한지 깨닫게 하시며, 가슴 깊은 곳에서 이 세상을 주관하시는 하나님께 가까이 가고 싶은 마음이 생겨나도록 역사해 주옵소서.

○○○가 이 세상의 삶에만 집착하지 않게 하시고, 영원한 생명을 사모하게 하옵소서.

예수님의 이름으로 기도드립니다. 아멘

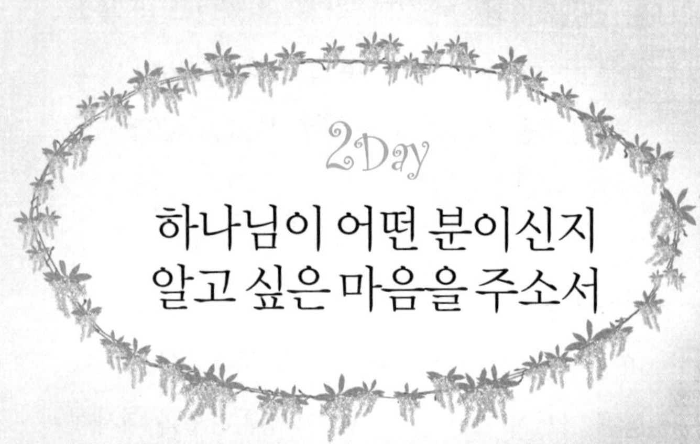

전도는 우리의 전 삶을 포함하는 것이며
우리가 남들 앞에서 어떻게 살기로 작정하였는지를
보여주는 것이기도 합니다.

 먼저 말씀을 묵상하십시오.

우리 하나님 여호와여 이제 우리를 그의 손에서 구원하사 천하 만국이 주만이 여호와이신 줄을 알게 하옵소서 하니라 사 37:20

하나님이 우리를 사랑하시는 사랑을 우리가 알고 믿었노니 하나님은 사랑이시라 사랑 안에 거하는 자는 하나님 안에 거하고 하나님도 그의 안에 거하시느니라 요일 4:16

내 아들 솔로몬아 너는 네 아버지의 하나님을 알고 온전한 마음과 기쁜 뜻으로 섬길지어다 대상 28:9

 다음 페이지의 기도문을 읽으면서 마음을 다해 기도하십시오.

주님께 ○○○를 올려드립니다.

이 세상을 살아가는 동안 많은 지혜와 지식이 필요하지만, 그 어떤 것보다도 하나님이 누구신지 알고 따르는 삶이야말로 가장 고귀한 삶임을 믿습니다.

○○○ 안에 갈급한 심령을 주셔서 자신의 모습을 돌아보게 하옵소서.

어떻게 이 땅에 태어났으며, 이 우주와 자연 만물을 주관하시는 분이 누구신지 알고 싶은 마음을 주옵소서.

하나님의 사랑, 은혜, 능력 등 모든 속성을 삶속에 느끼고 충만하게 하옵소서.

우리 주 예수 그리스도의 하나님, 영광의 아버지께서 지혜와 계시의 영을 우리에게 주셔서 하나님을 알게 하신다고 하셨는데엡 1:17 ○○○에게도 하나님을 알 수 있는 지혜와 계시의 영을 허락하여 주옵소서.

○○○의 심령을 주관하사 하나님에 대한 막연한 생각에서 벗어나 하나님을 아는 온전한 지식에 이르고자 구체적인 행동을 실천할 수 있도록 세심하게 인도하여 주옵소서.

○○○가 관심을 가지고 알고 싶어 하는 다른 그 어떤 것보다도 하나님에 대한 궁금한 마음이 가장 크게 하옵소서.
그 호기심이 ○○○를 교회로 인도하는 원동력이 되기를 원합니다.

예수님의 이름으로 기도드립니다. 아멘

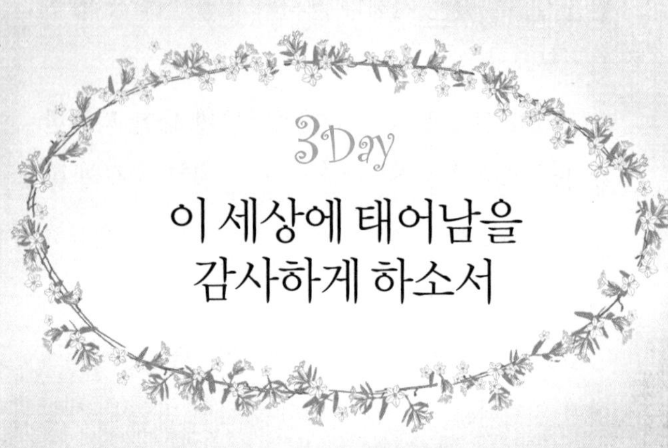

이 세상에 태어남을
감사하게 하소서

정의를 위해 싸우고 구제하며
친구가 필요한 것이 무엇인가를 살펴주고
절망 중에 있는 사람들을 위해 일하는 것 역시
전도입니다.

 **먼저 말씀을 묵상하십시오.**

하나님이 큰 구원으로 당신들의 생명을 보존하고 당신들의 후손을 세상에 두시려고 나를 당신들보다 먼저 보내셨나니 창 45:7

여호와 하나님이 땅의 흙으로 사람을 지으시고 생기를 그 코에 불어넣으시니 사람이 생령이 되니라 창 2:7

주께서 내 생명을 사망에서 건지셨음이라 주께서 나로 하나님 앞, 생명의 빛에 다니게 하시려고 실족하지 아니하게 하지 아니하셨나이까 시 56:13

 **다음 페이지의 기도문을 읽으면서 마음을 다해 기도하십시오.**

주님께서 생명을 주셔서 이 세상에 태어남을 감사
드립니다.
매 순간마다 주인되시는 주님과 동행하는 아름다
운 삶으로 인도하여 주옵소서.

우리가 태어나고 숨 쉬며 삶을 영위하는 모든 과정
가운데 주님이 계심을 ○○○도 알고 감사할 수 있
는 은혜를 베풀어 주옵소서.
이 세상 중심에 계시는 주님의 힘과 은혜로 우리를
지키시고 계심을 느끼게 하옵소서.

주님은 우리 삶의 근원이시며, 이 세상의 처음과
나중이시요, 우리의 생사화복을 주관하시는 만유
의 하나님이십니다.
그러나 ○○○는 하나님이 주신 생명의 은혜를 알
지 못합니다. 주님 안에서 살아가지 못하고 어디서

어떻게 태어났는지 알지 못하는 ○○○를 불쌍히
여겨 주옵소서.
하루속히 이 세상 무엇과도 바꿀 수 없는 주님의
은혜를 체험하고 자신의 생일을 다시 되돌아보고
그 날이 얼마나 감사한지를 알게 하여 주옵소서.

오늘 하루를 살아갈 수 있다는 사실을, 생명이 주
어졌다는 사실을 생각할 때마다 하나님 은혜에 감
사하는 ○○○가 되게 하옵소서.
매일 아침 눈뜰때마다 호흡할 수 있음에 찬송하게
하옵소서.

○○○를 주님의 손에 올려드리며, 예수님의 이름
으로 기도드립니다. 아멘.

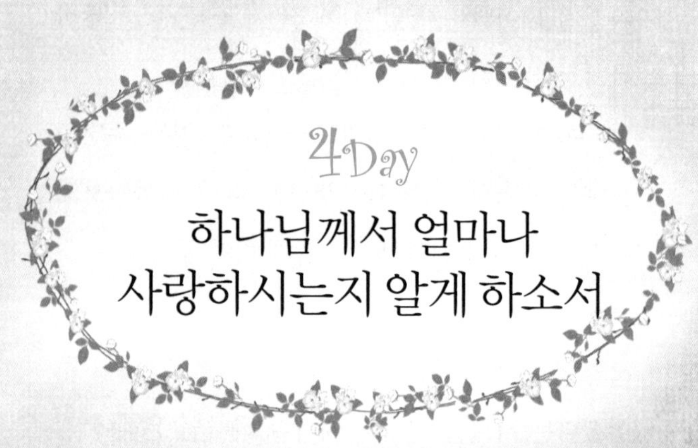

하나님께서 얼마나
사랑하시는지 알게 하소서

자비로운 눈을 들어 항상 여유롭게
우리네 삶을 기뻐하시는 분이 계십니다.
언제나 항상 여유로운 웃음을 가진 그분이 계십니다.
모두 모여서 즐겁게 찬송할 때마다 즐거이 소리 내어 웃으시는
그분이 계십니다.

 **먼저 말씀을 묵상하십시오.**

하나님이 우리를 사랑하시는 사랑을 우리가 알고 믿었노니 하나님은 사랑이시라 사랑 안에 거하는 자는 하나님 안에 거하고 하나님도 그의 안에 거하시느니라 요일 4:16

그리스도께서 너희를 사랑하신 것 같이 너희도 사랑 가운데서 행하라 그는 우리를 위하여 자신을 버리사 향기로운 제물과 희생제물로 하나님께 드리셨느니라 엡 5:2

소망이 우리를 부끄럽게 하지 아니함은 우리에게 주신 성령으로 말미암아 하나님의 사랑이 우리 마음에 부은 바 됨이니 롬 5:5

 **다음 페이지의 기도문을 읽으면서 마음을 다해 기도하십시오.**

주님의 크신 사랑에 오늘도 감사드리며 ○○○를 위해 기도드립니다.

어떤 사랑과도 비교할 수 없는 사랑으로 우리를 감싸주시고 인도하시는 주님, ○○○에게도 그 사랑을 알 수 있도록 도와 주옵소서.

○○○가 온전한 사랑을 알지 못해서 갈급하거나 목말라하지 않고 우리를 위해 자신을 버리시고 향기로운 제물과 희생제물로 하나님께 드리신 귀한 예수님의 사랑을 알고 새로운 인생을 살아가도록 인도하여 주옵소서.

우리가 사랑함은 그가 먼저 우리를 사랑하셨음이라요일4:19 고 말씀하신 것처럼 ○○○는 주님의 사랑을 알지 못하지만 주님께서는 ○○○를 사랑하시고 주님께 돌아오기를 기다리고 계신 줄 믿습니다.

주님의 사랑의 마음을 ○○○가 깨달을 때 얼마나 감격해할까요!
그 날이 하루속히 오기를 간절히 기도드립니다.

때로는 인생이 고달프고 힘들다고 느껴도 주님 때문에 다시 힘을 얻을 수 있게 하시고, 주님께서 사랑의 팔로 감싸 안으시는 품안에서 가장 큰 행복을 맛볼 수 있게 하옵소서.
이제부터는 고통의 눈물은 거두어 가시고 주님의 사랑에 감격하는 기쁨과 소망의 은혜만 넘치게 하소서.
주님 안에 거하며 보호받는 삶으로 인도하여 주옵소서.

예수님 이름으로 기도드립니다. 아멘.

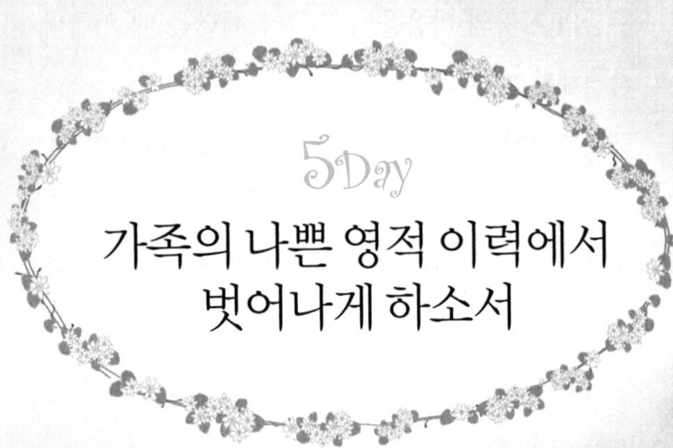

하루하루 살아가는 참된 모습을 보여 주면서
우리의 삶으로 초청하는 것이
사람들을 그리스도께로 인도하는 길입니다.
이런 생활이 곧 매일 전도가 아닐까요?

네가 네 하나님 여호와의 말씀을 청종하지 아니하고 네게 명령하신 그의 명령과 규례를 지키지 아니하므로 이 모든 저주가 네게 와서 너를 따르고 네게 이르러 마침내 너를 멸하리니 이 모든 저주가 너와 네 자손에게 영원히 있어서 표징과 훈계가 되리라 신 28:45,46

네가 평안할 때에 내가 네게 말하였으나 네 말이 나는 듣지 아니하리라 하였나니 네가 어려서부터 내 목소리를 청종하지 아니함이 네 습관이라 렘 22:21

너는 그들에게 말하라 주 여호와의 말씀이니라 나의 삶을 두고 맹세하노니 나는 악인이 죽는 것을 기뻐하지 아니하고 악인이 그의 길에서 돌이켜 떠나 사는 것을 기뻐하노라 이스라엘 족속아 돌이키고 돌이키라 너희 악한 길에서 떠나라 어찌 죽고자 하느냐 하셨다 하라 겔 33:11

다음 페이지의 기도문을 읽으면서 마음을 다해 기도하십시오.

주님을 경외합니다.

○○○가 모든 영적 싸움을 이기고 주님 앞에 나아올 날이 멀지 않았다고 믿습니다.

○○○의 가족 안에 우상숭배의 흔적이 남아있다면, 그것으로부터 벗어나게 하옵소서. 아직도 악한 사탄이 ○○○와 ○○○의 가족을 흔들고 있다면, 모두 물리쳐 주옵소서.

조상 때부터 내려오는 악한 영적 영향력으로부터 ○○○가 벗어날 수 있도록 건져내 주옵소서.

하나님께서 진노하시는 제사를 하거나, 각종 미신을 따르는 점치는 일이나, 운세나 운명을 의지하거나, 여러 귀신의 놀이에 참여하지 않게 하시고 ○○○의 주변과 환경에 주님의 거룩한 일들과 가까이 할 수 있는 진지를 구축하여 주옵소서.

악한 길에서 돌아오면 재앙을 내리려던 뜻을 돌이키시겠다고 하셨사오니, ○○○가 나쁜 영적 세력의 길에서 돌이키도록 붙들어 주옵소서.

내가 생명과 사망과 복과 저주를 네 앞에 두었은즉 너와 네 자손이 살기 위하여 생명을 택하고 네 하나님 여호와를 사랑하고 그의 말씀을 청종하며 또 그를 의지하라 신 30:19,20고 하신 명령의 말씀에 온전히 순종하여 하나님 외에는 그 어떤 세력도 ○○○에게 개입하지 못하도록 역사해 주옵소서.

예수님 이름에 의지하여 간절히 기도드립니다. 아멘.

❀ 전도 십계명 ❀

1. 기도로 시작해서 기도로 끝내십시오.
2. 사람들을 두려워하지 마십시오.
3. 외모를 깨끗하고 단정하게 하십시오.
4. 상대방이 냉담하고 거칠게 반응해도 겸손과 미소로 축복을 하십시오.
5. 처음부터 끝까지 성령의 인도를 따르십시오.
6. 상대방의 말을 잘 듣고 칭찬해 주십시오.
7. 간증을 하되 자기 자랑이 아닌 하나님께 영광을 돌리십시오.
8. 중도에 포기하지 말고 끝까지 방문하십시오.
9. 전도 노트를 만들어 이름과 경과를 기록하고 수시로 기도하십시오.
10. 날마다 시간을 정해 놓고 습관적으로 전도하십시오.

―박상철 목사

태신자 변화 체크표

5일이 지났습니다.
가슴으로 품은 태신자의 심경/태도를 체크해보세요.

1. 전화 혹은 직접 심방은 몇 번 하셨나요?
   하셨다면, 태신자가 어떤 태도를 보였는지 적어보십시오.

2. 태신자에게 어떤 친절을 베풀었는지 적어보십시오.

3. 친절을 받아들이는 태신자의 태도는 어땠는지 적어보십시오.

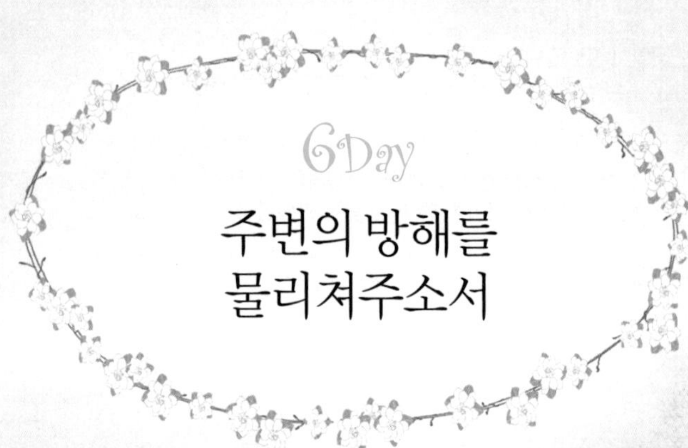

주변의 방해를
물리쳐주소서

주님은 언제나 우리를 살피고 계십니다.
아주 작은 속삭임으로 부르고 계십니다.
그분이 우리를 기억하시는 것처럼
우리도 주님 곁에서 떠나지 말아야 하겠습니다.

우리가 다 하나님의 아들을 믿는 것과 아는 일에 하나가 되어 온전한 사람을 이루어 그리스도의 장성한 분량이 충만한 데까지 이르리니 이는 우리가 이제부터 어린 아이가 되지 아니하여 사람의 속임수와 간사한 유혹에 빠져 온갖 교훈의 풍조에 밀려 요동하지 않게 하려 함이라 엡 4:13,14

사람이 감당할 시험 밖에는 너희가 당한 것이 없나니 오직 하나님은 미쁘사 너희가 감당하지 못할 시험 당함을 허락하지 아니하시고 시험 당할 즈음에 또한 피할 길을 내사 너희로 능히 감당하게 하시느니라 고전 10:13

시험을 참는 자는 복이 있나니 이는 시련을 견디어 낸 자가 주께서 자기를 사랑하는 자들에게 약속하신 생명의 면류관을 얻을 것이기 때문이라 약 1:12

주님의 이름을 높여드립니다.

주님, ○○○에게 주님의 살아계심을 보여주시고,
얼마나 큰 권능으로 이 세상 가운데 역사하시는지
체험할 수 있도록 인도해 주옵소서.

○○○가 주님께 나아오는 데 방해되는 세력이 있
다면 모두 막아주시기를 간구드립니다. 가족들의
이해와 협력이 있게 하시고, 친구들의 방해가 있지
않도록 보호해 주옵소서.

교회에 대한 부정적인 말을 듣지 않도록 환경을 인
도해 주시고, 행여 마음 가운데 악한 마귀가 역사
해서 마음을 닫지 않도록 도와주옵소서.

주님을 대적하는 속임수나 유혹이 ○○○의 주변
에 있지 않도록 인도해 주십시오.

주님은 정의를 사랑하시고 그 성도를 버리지 않으

시며, 영원히 보호해 주신다고 하셨으니 ○○○도 하나님의 자녀로 받아 주시고, 영원히 동행해 주옵소서.

모든 악한 사탄의 역사가 ○○○와 ○○○의 주변을 틈타지 않도록 하나님의 전진기지를 구축하여 주옵소서.

주님은 주님의 자녀에게 감당할 만한 시험을 허락하신다고 하셨으니 ○○○에게도 시험이 닥치거든 능히 이길 수 있는 방법을 보여 주셔서 오히려 주님을 더 빨리 찾을 수 있는 기회가 되게 하여 주옵소서.

○○○에게 새로운 생명을 부여하실 예수님의 이름으로 기도드립니다. 아멘.

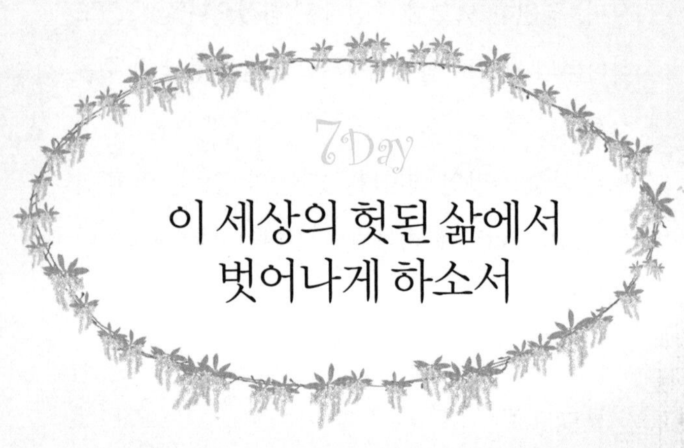

이 세상의 헛된 삶에서
벗어나게 하소서

부드러운 주님의 손길이 닿는 곳에는
생명이 있습니다.
그 손길 닿으면 죄사함이 있습니다.
그 손을 잡으면 구원이 있습니다.

먼저 말씀을 묵상하십시오.

돌아서서 유익하게도 못하며 구원하지도 못하는 헛된 것을 따르지 말라 그들은 헛되니라 삼상 12:21

너희는 헛된 것들에게로 향하지 말며 너희를 위하여 신상들을 부어 만들지 말라 나는 너희의 하나님 여호와이니라 레 19:4

여호와께서 이와 같이 말씀하시되 네가 만일 돌아오면 내가 너를 다시 이끌어 내 앞에 세울 것이며 네가 만일 헛된 것을 버리고 귀한 것을 말한다면 너는 나의 입이 될 것이라 그들은 네게로 돌아오려니와 너는 그들에게로 돌아가지 말지니라 렘 15:19

다음 페이지의 기도문을 읽으면서 마음을 다해 기도하십시오.

주님, 이 세상의 참된 진리는 오직 한분 예수 그리스도 안에 있음을 고백하며 감사드립니다.

○○○가 사람의 전통과 세상의 초등학문을 따르던 습관에서 벗어나도록 인도해 주옵소서.

하나님의 생각과 뜻에 합당한 생활을 하는 ○○○가 되기를 간절히 소망합니다.

부질없는 미래를 바라보지 않게 하시고, 참 소망을 향하여 나아가는 ○○○가 되게 하옵소서.

하나님을 떠나 살고 있는 ○○○가 헛된 우상을 숭배하였거든 용서하옵소서. 이제는 하나님을 섬기는 ○○○가 되도록 강력히 역사하여 주시기를 간절히 간구드립니다.

물질을 섬겼거든 모든 부의 근원은 하나님이심을 알게 하시며, 세상의 철학을 좇았거든 그것은 헛된 속임수에 불과하다는 것을 가르쳐 주옵소서.

세상의 정욕과 육신의 안락함을 따르는 생활이 얼마나 헛되고 헛된 삶인가를 ○○○가 가슴으로 깊이 후회하게 하셔서 벗어나고픈 마음을 주옵소서.

지금까지 믿고 살았던 방식에서 떠날 수 있는 길은 오직 주님 안에 있음을 발견하게 하옵소서.

○○○가 지금까지 쌓아온 모든 불완전한 것들이 주님의 은혜로 온전해지도록 은혜를 베푸시옵소서.

○○○를 사랑하시는 예수님 이름으로 기도드립니다. 아멘.

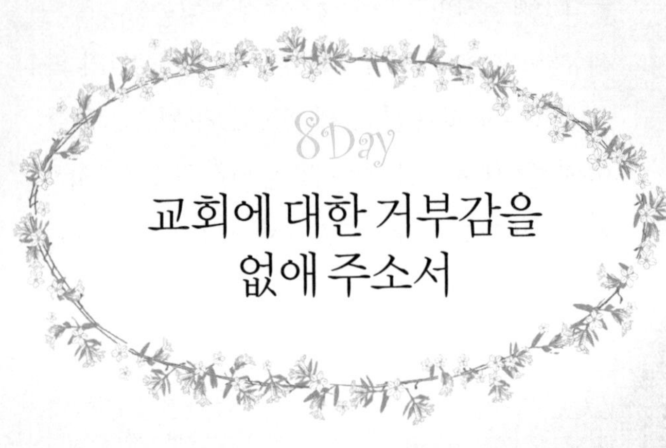

교회에 대한 거부감을
없애 주소서

우리는 하나님이 지으신 세상의 한 아이입니다.
주님이 만드신 세상에서 지혜로운 성숙한 어른으로 성장해
쓰임 받기를 간구해야 합니다.

 **먼저 말씀을 묵상하십시오.**

또한 그들이 마음에 하나님 두기를 싫어하매 하나님께서 그들을 그 상실한 마음대로 내버려 두사 합당하지 못한 일을 하게 하셨으니 롬 1:28

만일 악인이 돌이켜 그 악에서 떠나 정의와 공의대로 행하면 그가 그로 말미암아 살리라 겔 33:19

땅의 모든 끝이여 내게로 돌이켜 구원을 받으라 나는 하나님이라 다른 이가 없느니라 사 45:22

 다음 페이지의 기도문을 읽으면서 마음을 다해 기도하십시오.

주님을 부인하며 죄악 가운데 있는 자까지도 사랑
하시는 주님, ○○○에게 주님의 긍휼을 베풀어 주
옵소서.
누군가 교회는 '공사 중'이라고 하였습니다.
상처 받은 자, 악한 자, 치유가 필요한 자들이 모여
하나님 앞에 성화되어가는 과정에 있기 때문입니
다. ○○○가 교회의 이런 모습 때문에 거부감이
있지는 않았는지요?

그러나 사람의 마음을 바꾸시는 주님, 인간은 모두
완벽하지 않은 것을 ○○○가 이해하게 하옵소서.
교회의 겉모습만으로 가졌던 부정적인 마음이 있
었다면, 모두 잊혀지도록 도우시옵소서.
○○○의 마음속에서 교회를 향한 관심이 싹트게
하옵소서.

교회에 대한 긍정적인 마음을 심어주옵소서.

만일 악인이 그 행한 악을 떠나 정의와 공의를 행
하면 그 영혼을 보전하리라 그가 스스로 헤아리고
그 행한 모든 죄악에서 돌이켜 떠났으니 반드시
살고 죽지 아니하리라겔18:27,28 고 하셨는데 ○○
○에게 영혼을 보전할 수 있는 기회를 열어 주옵
소서.
교회의 종탑위의 십자가에로 눈길이 쏠리게 하셔
서 교회가 가까이 느껴지고 고향같은 포근한 마음
으로 다가오게 하옵소서.

○○○의 마음을 바꾸어 주실 예수님의 이름으로
기도드립니다. 아멘.

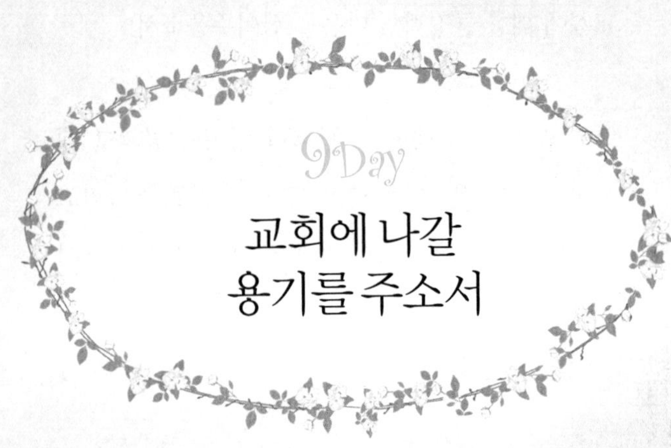

교회에 나갈
용기를 주소서

전도는 우리의 사명이며 주님의 지상명령이기도 합니다.
우리의 모습을 보여 주고
우리의 진실함을 보여 주어야 할 것은 물론이려니와
우리의 거룩함과 믿음의 참모습을 보여 주어서
이것이 모두 전도의 틀이 되어야 할 것입니다.

그러나 네가 거기서 네 하나님 여호와를 찾게 되리니 만일 마음을 다하고 뜻을 다하여 그를 찾으면 만나리라 신 4:29

나를 사랑하는 자들이 나의 사랑을 입으며 나를 간절히 찾는 자가 나를 만날 것이니라 잠 8:17

너희가 어떠한 사람이 되어야 마땅하냐 거룩한 행실과 경건함으로 하나님의 날이 임하기를 바라보고 간절히 사모하라 벧후 3:11,12

우리의 심령을 주관하시는 주님께 기도드립니다.

○○○를 구원하기를 기뻐하시는 주님, ○○○가 우리와 함께 주일이면 꼭 교회에 나올 수 있도록 인도해 주시기를 간구드립니다.

주님을 만나고 싶은 간절한 마음을 ○○○에게 주옵소서. ○○○의 영혼이 하나님을 갈망하게 하옵소서.

교회 옆을 지날 때 발길이 멈춰지게 하옵소서.

십자가를 볼 때 가슴에서 올라오는 뜨거움이 있게 하옵소서.

○○○의 일거수 일투족을 하나님께서 간섭해 주옵소서.

○○○가 교회에 나오고 싶을 때, 망설이거나 두려워하지 않도록 용기를 주옵소서.

낯선 사람들의 모임에 오는 것처럼 꺼려하는 마음

이 있지 않도록 도와주시고, 교회에 나오지 않고는 견딜 수 없는 마음을 주옵소서.

내 영혼이 하나님 곧 살아 계시는 하나님을 갈망하나니 내가 어느 때에 나아가서 하나님의 얼굴을 뵈올까시 42:2 라고 한 시편 기자의 고백처럼, 하나님을 만날 날을, 교회에 나올 날을 손꼽아 기다리는 마음이 되게 하시고, 결심을 실행으로 옮기는 ○○○가 되게 하옵소서.

○○○를 교회로 인도하실 예수님의 이름으로 간구드리나이다. 아멘.

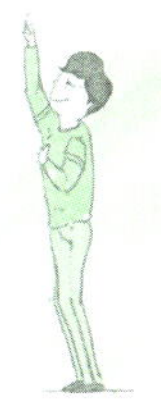

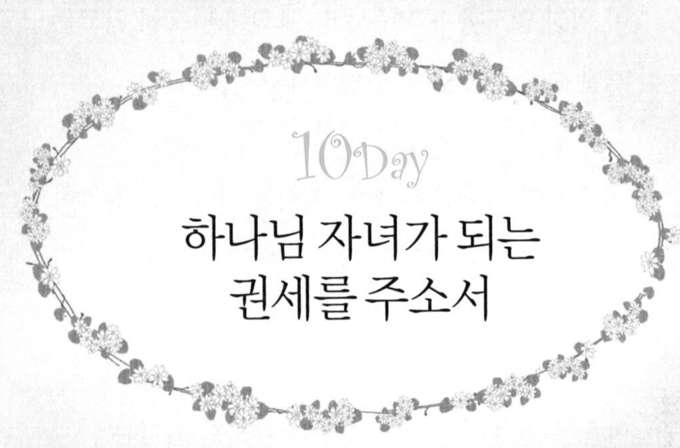

하나님 자녀가 되는
권세를 주소서

믿음이 없는 사람은
주변 사람들이 믿는 것을
믿지 않는 사람이 아니라
믿지도 않는 것을 믿는 척하는 사람이다.
–레오 톨스토이

영접하는 자 곧 그 이름을 믿는 자들에게는 하나님의 자녀가 되는 권세를 주셨으니 요 1:12

곧 육신의 자녀가 하나님의 자녀가 아니요 오직 약속의 자녀가 씨로 여기심을 받느니라 롬 9:8

각 사람은 위에 있는 권세들에게 복종하라 권세는 하나님으로부터 나지 않음이 없나니 모든 권세는 다 하나님께서 정하신 바라 롬 13:1

그의 권세는 소멸되지 아니하는 영원한 권세요 그의 나라는 멸망하지 아니할 것이니라 단 7:14

우리를 주님의 자녀 삼아 주셔서 감사드립니다.

○○○가 주님께서 당신의 자녀에게 주시는 모든 은혜를 누리게 하옵소서.

○○○는 아직 흑암의 권세 아래 살고 있습니다. 그곳이 멸망으로 가는 길인데, ○○○는 알지 못합니다. 너무나 마음이 아픕니다.

주님, ○○○가 빛의 세계로 나올 수 있도록 인도해 주옵소서. 멸망의 길이 아닌 생명의 길을 갈 수 있도록 은혜를 베풀어 주옵소서.

그가 우리를 흑암의 권세에서 건져내사 그의 사랑의 아들의 나라로 옮기셨다_{골 1:13} 고 하신 말씀이 ○○○에게 이루어지기를 간구드립니다.

소멸되지 아니 하는 영원한 권세인 하나님의 권세_{단 7:14} 를 ○○○에게 허락하여 주옵소서.

하나님만이 가장 크신 권세자이시며, 능력이시오

니, ○○○가 예수님을 자신의 구세주와 주님으로
믿고 마음에 영접하게 하옵소서. 구원의 확신을 가
질 수 있게 하옵소서.

주님의 권세로 보장된 미래를 살아가는 우리처럼
○○○를 주님의 자녀 삼아 주옵소서.

○○○를 위한 간절한 마음을 모아 예수님의 이름
으로 간구드립니다. 아멘.

할 수 있는 한

그대가 할 수 있는 한의 모든 수단으로
그대가 할 수 있는 한의 모든 장소에서
그대가 할 수 있는 한의 모든 때에
그대가 할 수 있는 한의 모든 사람에게
그대가 할 수 있는 한 언제까지
그대가 할 수 있는 모든 최선의 것을 행하라

-존 웨슬리

태신자 변화 체크표

10일이 지났습니다.
가슴으로 품은 태신자의 심경/태도를 체크해보세요.

1. 전화 혹은 직접 심방은 몇 번 하셨나요?
   하셨다면, 태신자가 어떤 태도를 보였는지 적어보십시오.

2. 태신자에게 어떤 친절을 베풀었는지 적어보십시오.

3. 친절을 받아들이는 태신자의 태도는 어땠는지 적어보십시오.

참 평강을 얻게 하소서

전도의 시작은 사랑입니다.
어머니와 같은 마음으로,
진실한 사랑으로 가슴에 품을 때
전도의 위력은 나타납니다.

평강의 주께서 친히 때마다 일마다 너희에게 평강을 주시고 주께서 너희 모든 사람과 함께 하시기를 원하노라 살후 3:16

평강의 하나님이 친히 너희를 온전히 거룩하게 하시고 또 너희의 온 영과 혼과 몸이 우리 주 예수 그리스도께서 강림하실 때에 흠 없게 보전되기를 원하노라 살전 5:23

이것을 너희에게 이르는 것은 너희로 내 안에서 평안을 누리게 하려 함이라 세상에서는 너희가 환난을 당하나 담대하라 내가 세상을 이기었노라 요 16:33

주님 앞에 겸손한 마음으로 기도드립니다.

사람들은 행복과 평안을 추구하며 살아갑니다. 그러나 세상이 주는 평안은 일시적인 것일 뿐 또 다른 갈증이 계속됩니다.

주님, ○○○에게 다시는 목마르지 않는 생수를 허락하여 주옵소서.

○○○는 참 평강을 아직 맛보지 못했습니다.

사람의 위로와 육신적인 만족은 또다른 욕구를 낳을 뿐입니다. 세상과 자신의 노력으로 얻은 평안에 ○○○가 만족해있다면 마음을 바꿔주시고 진정한 평강의 주인이시고 세상을 이기는 참 평안을 주시는 주님을 영접하게 하옵소서.

주님께서는 세상이 주는 것과 같지 않은 평안을 주시겠다고 우리에게 약속하셨습니다. ○○○에게도 주님의 약속의 말씀이 성취될 수 있도록 은혜를 베풀어 주옵소서.

너희는 마음에 근심하지도 말고 두려워하지도 말
라고 하셨사오니 두려움과 갈등과 슬픔과 고통이
○○○에게 찾아올지라도 주님이 함께 하셔서 극
복할 수 있는 힘을 주시고, 믿음의 길을 갈 수 있도
록 역사하여 주옵소서.

저의 간절한 기도에 응답하여 주실 것을 믿습니다.

○○○를 향한 주님의 사랑을 확신하며, 우리 주
예수 그리스도의 이름으로 간구드립니다. 아멘.

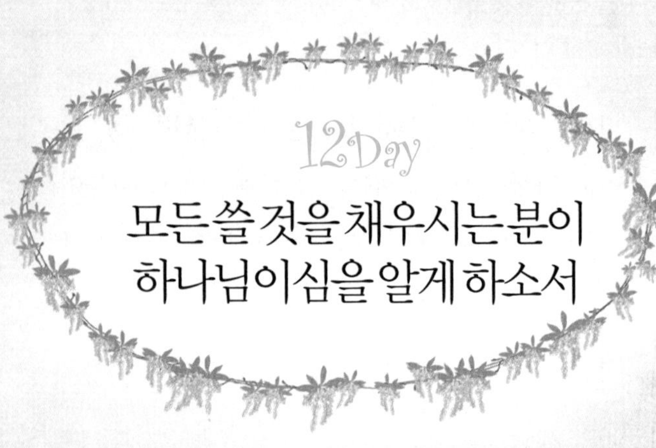

어제 마음에 걸리던 친구가 있었나요?
오늘 그 영혼이 불쌍해 보이는 친구가 있나요?
지금 바로 무릎을 꿇으십시오.
주님께 간절히 간구하십시오.

먼저 말씀을 묵상하십시오.

네가 이 세대에서 부한 자들을 명하여 마음을 높이지 말고 정함
이 없는 재물에 소망을 두지 말고 오직 우리에게 모든 것을 후히
주사 누리게 하시는 하나님께 두며 딤전 6:17

나는 너를 애굽 땅에서 인도하여 낸 여호와 네 하나님이니 네 입
을 크게 열라 내가 채우리라 하였으나 시 81:10

네 하나님 여호와께서 네게 허락하신 대로 네게 복을 주시리니
네가 여러 나라에 꾸어 줄지라도 너는 꾸지 아니하겠고 신 15:6

다음 페이지의 기도문을 읽으면서 마음을 다해 기도하십시오.

주님, 매일 일용할 양식으로 채워주시니 감사드립니다.

○○○에게도 모든 쓸 것과 먹을 것과 입을 것을 허락하시니 감사를 드립니다.

○○○가 생활을 영위할 수 있도록 하나님께서 항상 보호하시고 채워주시는데, 그 사실을 ○○○가 깨닫고 주님 앞에 무릎 꿇고 감사의 눈물을 흘리는 은혜를 허락하옵소서.

○○○의 일생동안 필요한 의식주가 끊어지지 않게 하시며, 오히려 차고 넘쳐서 다른 이들에게까지 나눌 수 있는 풍족함을 허락하옵소서.

하나님께서 ○○○에게 복을 주사 꾸어 줄지라도 꾸지 아니하는_{신 15:6} 큰 복을 내려주옵소서.

숨쉬는 순간마다 주님의 채우심을 찬양하는 ○○

○가 되도록 인도하옵소서.

필요한 물질이 주어졌을 때 자신의 공로로 돌리지 않게 하시고, 부족함을 느낄 때에는 채우실 하나님을 바라보며 믿음으로 활기차게 살아가는 ○○○가 되도록 붙들어 주옵소서.

작은 것 하나에도 기뻐할 줄 알게 하시고, 감사가 ○○○의 온 삶에 넘치게 하옵소서.

그리스도 예수 안에서 영광 가운데 그 풍성한 대로 ○○○의 모든 쓸 것을 채우실 것을 빌 4:19 믿으며 예수님 이름으로 기도드립니다. 아멘.

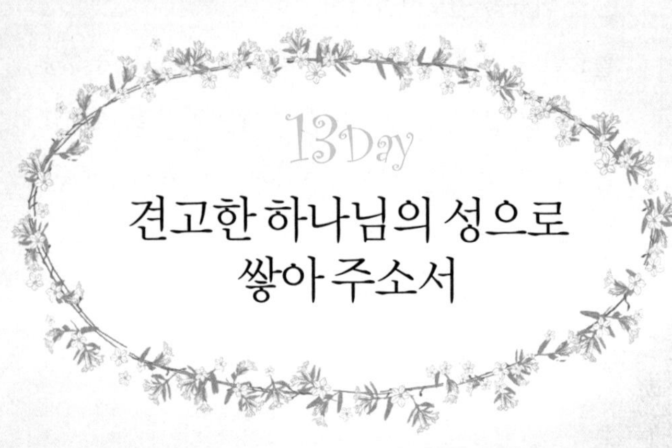

견고한 하나님의 성으로 쌓아 주소서

온유하신 하나님의 성품을 닮아
그 따스한 빛을 다른 이에게 비추는 삶을 사는
멋진 당신이 되십시오.

먼저 말씀을 묵상하십시오.

주께서 너희를 우리 주 예수 그리스도의 날에 책망할 것이 없는 자로 끝까지 견고하게 하시리라 고전 1:8

그가 만일 나의 계명과 법도를 힘써 준행하기를 오늘과 같이 하면 내가 그의 나라를 영원히 견고하게 하리라 하셨느니라

대상 28:7

여호와가 너를 항상 인도하여 메마른 곳에서도 네 영혼을 만족하게 하며 네 뼈를 견고하게 하리니 너는 물 댄 동산 같겠고 물이 끊어지지 아니하는 샘 같을 것이라 사 58:11

다음 페이지의 기도문을 읽으면서 마음을 다해 기도하십시오.

주님, ○○○의 든든한 방패막이 되어 주옵소서.
세상의 유혹과 속임수가 ○○○의 주변을 틈타지
않게 하시고, 불 가운데로 걸어갈지라도 넘어지지
않게 하시며, 어디를 가나 하나님의 견고한 성이
○○○를 보호하시기를 간구하나이다.
악한 마귀가 ○○○가 주님께로 돌아오는 것을 방
해하지 않도록 막아주시며, 나쁜 세력의 공격을 방
어해 주옵소서.

주님, ○○○는 지금 스스로 마귀의 꾀임이 무엇인
지 분간할 수 없습니다. 나쁜 영적 공격도 막아낼
힘이 없습니다. 주님의 전적인 보호만이 ○○○를
멸망으로 가는 길에서 구원해낼 수 있습니다.
○○○의 영혼이 무너질 세상으로부터 구원 받도
록 인도해 주실 것을 믿습니다.

주는 나의 피난처시요 원수를 피하는 견고한 망대이심이니이다 시61:3 라는 시편 기자의 고백을 ○○○가 스스로 할 수 있는 날이 속히 오도록 역사해 주옵소서. 영적 분별력을 가지고 주님의 보호하심을 느낄 수 있게 하옵소서.

주님의 계명을 따라 사는 ○○○가 되어 영원히 무너지지 않는 성을 쌓을 수 있도록 역사해 주옵소서.

○○○의 손을 붙드실 예수님의 이름으로 기도드립니다. 아멘.

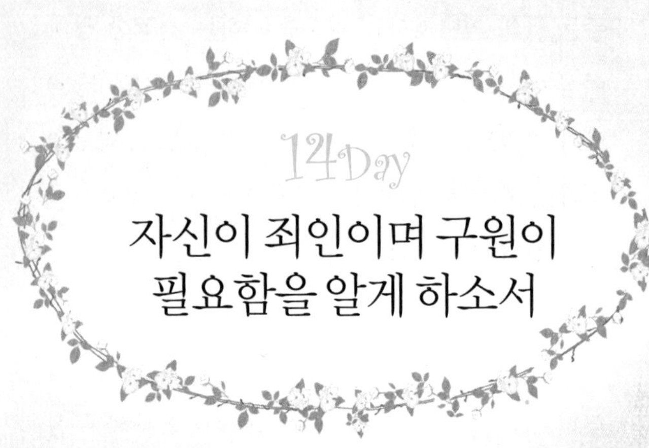

자신이 죄인이며 구원이 필요함을 알게 하소서

하나님은 우리가 멀리 떠나 있을 때에
강요하지 않고 조용히 기다리십니다.
인격적인 방법으로 우리를 대하십니다.

먼저 말씀을 묵상하십시오.

미쁘다 모든 사람이 받을 만한 이 말이여 그리스도 예수께서 죄인을 구원하시려고 세상에 임하셨다 하였도다 죄인 중에 내가 괴수니라 딤전 1:15

너희가 알 것은 죄인을 미혹된 길에서 돌아서게 하는 자가 그의 영혼을 사망에서 구원할 것이며 허다한 죄를 덮을 것임이라
약 5:20

다른 이로써는 구원을 받을 수 없나니 천하 사람 중에 구원을 받을 만한 다른 이름을 우리에게 주신 일이 없음이라 하였더라
행 4:12

다음 페이지의 기도문을 읽으면서 마음을 다해 기도하십시오.

주님, ○○○의 구원을 위해 기도하게 하심을 감사
합니다.
모든 사람이 죄인으로 태어났으나 예수 그리스도
를 통하여 의롭다 하시는 하나님의 은혜를 찬양드
립니다.

○○○가 자신이 죄인인 것을 깨달을 수 있도록 도
우시옵소서.
예수님 말고는 다른 구원의 길이 없음을 알게 하옵
소서.

너희가 알 것은 죄인을 미혹된 길에서 돌아서게 하
는 자가 그의 영혼을 사망에서 구원할 것이며 허다
한 죄를 덮을 것임이라 약 5:20 고 하셨습니다.
예수님께서 ○○○의 영혼을 사망에서 구원하시고
○○○의 모든 죄를 용서하실 것을 믿습니다.

제가 먼저 구원 받은 자로서 ○○○에게 모범된 모
습을 보여서 ○○○가 주님을 영접하는 데 긍정적
인 역할을 할 수 있기를 원합니다.
저의 부족한 점을 깨닫게 하사 더욱 성숙한 믿음의
사람이 되게 은혜 베풀어 주옵소서.

○○○에게 과거의 모든 죄를 낱낱이 기억나게 하
사 그 죄를 어떻게 씻을 수 있을지 견딜 수 없는 심
정을 주시고, 가장 큰 죄는 하나님을 믿지 않은 죄
임을 깨닫게 하여 주옵소서.
예수 그리스도를 영접하고 회개하면 모든 죄가 사
하여지는 놀라운 진리 앞에 겸손해지게 하옵소서.
○○○의 일생이 구원의 감격으로 가득 차 날아갈
듯 기쁜 삶을 살도록 인도해 주옵소서.

귀하신 예수님의 이름으로 기도드립니다. 아멘.

예수 그리스도만이 참 생명을 주시는 분임을 알게 하소서

하나님을 더 깊이 알아가려는 노력과 시간을
아끼지 마십시오.
당신이 노력하면 할수록 하나님은
당신의 인생에 더 깊이 개입하실 것입니다.

주께서 생명의 길을 내게 보이셨으니 주 앞에서 내게 기쁨이 충만하게 하시리로다 행 2:28

아들이 있는 자에게는 생명이 있고 하나님의 아들이 없는 자에게는 생명이 없느니라 요일 5:12

주께서 내 생명을 사망에서 건지셨음이라 주께서 나로 하나님 앞, 생명의 빛에 다니게 하시려고 실족하지 아니하게 하지 아니하셨나이까 시 56:13

생명의 주관자되시는 주님, ○○○에게 참 빛을 비
춰주옵소서.
예수님에 대한 ○○○의 생각을 성경적이고 좋은
생각으로 바꿔 주시옵소서.
이 세상의 모든 신들을 동일하게 생각하지 않게 하
옵소서. 그것은 악한 속임수에 빠져 있는 위험한
생각임을 깨닫게 하여 주옵소서.

오직 예수 그리스도를 통해서만 참 생명을 얻을 수
있음을 알고 온전한 믿음의 길을 가는 ○○○가 되
게 하여 주옵소서.
곁길로 빠져 다른 신을 좇지 않게 하시고, 헛된 다
른 구원을 찾아 방황하는 시간을 끝내 주옵소서.

지금까지 육신의 생명이 전부라고 생각하였다면,
그 생각이 어리석음을 깨닫게 하시고, 스스로 생명

을 영위해가고 있다고 여겼다면, 교만함을 버리게 하옵소서.

○○○에게 이미 예수님께서 찾아 가셔서 마음문을 두드리고 계신 줄 믿습니다. 내미신 주님의 손을 주저하지 않고 붙잡을 수 있도록 ○○○에게 영적인 눈을 뜨게 하여 주옵소서.

예수님의 참 생명의 능력을 체험하게 하옵소서.

예수 그리스도의 이름으로 기도하나이다. 아멘.

영혼을 주님께 인도할 수 있다면

내가 어디에 있든지 어떻게 살든지
또 무엇을 견디게 되든지 나는 관계치 않노라
잠을 자면 저들을 꿈꾸고
잠을 깨면 첫째 생각이 잃어버린 영혼들이라
잃어버린 영혼들이라
아무리 박식하고 능란하며
또 심오한 설교와 청중을 감동시키는 웅변이 있을지라도
그것이 결코 인간의 심령에 대한
뜨거운 사랑의 결핍을 대신할 수는 없노라

-데이비드 브레이너드

태신자 변화 체크표

15일이 지났습니다.
가슴으로 품은 태신자의 심경/태도를 체크해보세요.

1. 전화 혹은 직접 심방은 몇 번 하셨나요?
   하셨다면, 태신자가 어떤 태도를 보였는지 적어보십시오.

2. 태신자에게 어떤 친절을 베풀었는지 적어보십시오.

3. 친절을 받아들이는 태신자의 태도는 어땠는지 적어보십시오.

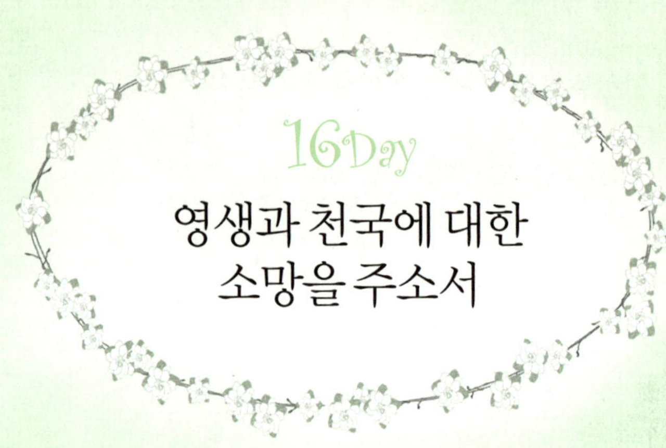

구름이 어떤 형상을 그리다 사라지듯이
우리의 인생도 덧없이 흘러갑니다.
그 인생을 값지게 보내기 위해서 매 순간 하나님을 붙잡고
그분과 동행해야 합니다.
그때 우리의 인생은 구름과 같은 것이 아니라
금보다도 더 귀한 알찬 인생이 될 것입니다.

하나님의 사랑 안에서 자신을 지키며 영생에 이르도록 우리 주 예수 그리스도의 긍휼을 기다리라 유 1:21

우리로 그의 은혜를 힘입어 의롭다 하심을 얻어 영생의 소망을 따라 상속자가 되게 하려 하심이라 딛 3:7

회개하라 천국이 가까이 왔느니라 마 3:2

다음 페이지의 기도문을 읽으면서 마음을 다해 기도하십시오.

주님의 은혜를 감사드립니다.

우리에게 천국의 상속자가 되게 하신 하나님, ○○○에게도 천국을 상속받을 수 있는 자녀로 삼아 주실 것을 믿습니다.

지금까지 어떤 것을 믿었든, 어떤 삶을 살았든 아무것도 문제 삼지 않고, ○○○를 사랑으로 맞이하여 주실 것을 믿습니다.

○○○의 앞으로의 삶은 오직 영생과 천국의 소망을 향하여 나아갈 것을 확신합니다.

○○○의 목표가 물질이었습니까? 이제는 주님을 따르게 하옵소서.

○○○의 우선순위가 인간관계였습니까? 이제는 하나님 말씀이게 하옵소서.

과거의 ○○○의 삶의 의미가 무엇이었든 이제부터는 하나님이 ○○○의 삶의 의미가 되어 주옵소서.

영생은 곧 유일하신 참 하나님과 그가 보내신 자 예수 그리스도를 아는 것_{요17:3} 이라고 하셨으니 하나님과 예수님을 알 수 있도록 ○○○를 교회로 인도하여 주옵소서.

영생과 천국의 비밀을 깨닫는 순간 ○○○가 지금까지 발견하지 못했던 가장 아름다운 빛이 무엇인가를 발견하고 감격해 하는 모습을 상상해 봅니다.

○○○를 사랑하셔서 천국의 상속자 되게 하실 예수님의 이름으로 기도드립니다. 아멘.

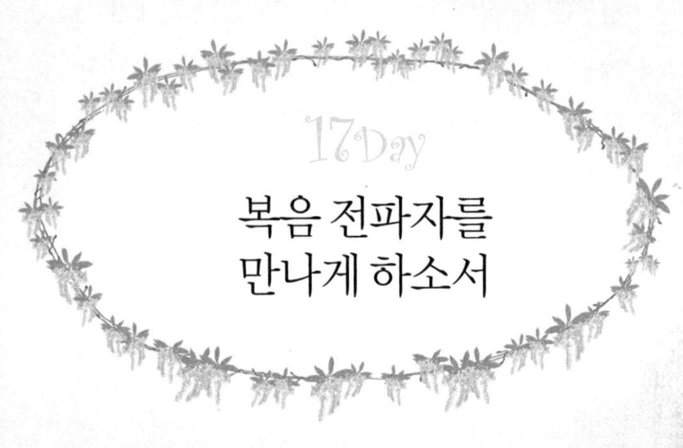

복음 전파자를
만나게 하소서

하나님과 만나기 전, 당신은 어떤 준비를 하십니까?
옷매무새를 고쳐 입고,
다른 잡념들은 떨쳐버리고,
가장 정결하고 아름다운 신부의 모습과 자세로 나아가십시오.
그때 하나님은 이미 당신이 구하기 전 모든 간구를 아시고,
응답해주실 것입니다.

우리는 우리를 전파하는 것이 아니라 오직 그리스도 예수의 주 되신 것과 또 예수를 위하여 우리가 너희의 종 된 것을 전파함이라 고후 4:5

그런즉 그들이 믿지 아니하는 이를 어찌 부르리요 듣지도 못한 이를 어찌 믿으리요 전파하는 자가 없이 어찌 들으리요 롬 10:14

주의 성령이 내게 임하셨으니 이는 가난한 자에게 복음을 전하게 하시려고 내게 기름을 부으시고 나를 보내사 포로 된 자에게 자유를, 눈 먼 자에게 다시 보게 함을 전파하며 눌린 자를 자유롭게 하고 주의 은혜의 해를 전파하게 하려 하심이라 하였더라 눅 4:18,19

주님, ○○○에게 복음을 듣고 깨닫는 은혜를 베풀어 주옵소서.

전파하는 자가 없이 어찌 듣겠느냐고 주님께서 말씀하셨는데, ○○○가 복음을 들을 수 있는 기회를 주옵소서.

○○○의 주변에 많은 사람들이 있겠지만, ○○○의 구원을 위해 전하는 사람이야말로 가장 ○○○를 사랑하는 사람임을 ○○○가 알게 하여 주옵소서.

○○○에게 주님의 복음을 담대하게 전할 수 있는 사람을 붙여 주옵소서.

들을 때 그 말씀이 과연 그런가 하여 다시 듣고 싶고, 중심에서 믿을 수 있도록 역사해 주옵소서.

한번으로 ○○○의 마음이 열리지 않는다면, 두 번, 세 번 ○○○가 복음을 받아들일 때까지 계속해서 전하는 사람들을 붙여 주옵소서.

주님의 복음은 믿는 자에게 구원을 주시는 하나님의 능력이오니 ○○○가 복음능력을 체험하고 구원의 축복을 누리게 하옵소서.

○○○가 복음을 따르고, 참예하고, 전하는 자가 되게 하여 주옵소서.

선지자들을 통하여 그 아들에 관하여 성경에 약속하신 복음이 ○○○의 모든 삶에 역사하게 하여 주옵소서.

예수님의 이름을 의지하여 기도드리나이다. 아멘.

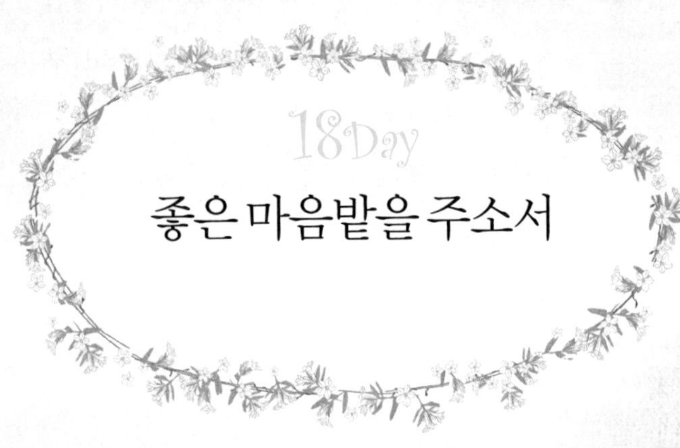

좋은 마음밭을 주소서

하나님으로부터 얻은 평온은 영원합니다.
사라지지 않습니다.
우리의 중심이 흔들리지 않게 붙들어줍니다.

선한 사람은 마음에 쌓은 선에서 선을 내고 악한 자는 그 쌓은 악에서 악을 내나니 이는 마음에 가득한 것을 입으로 말함이니라 눅 6:45

좋은 땅에 뿌려졌다는 것은 곧 말씀을 듣고 받아 삼십 배나 육십 배나 백 배의 결실을 하는 자니라 막 4:20

또 새 영을 너희 속에 두고 새 마음을 너희에게 주되 너희 육신에서 굳은 마음을 제거하고 부드러운 마음을 줄 것이며 겔 36:26

오늘도 기도하게 하시는 주님께 감사드리며 ○○
○의 마음을 주관하여 주실 것을 간구드립니다.

○○○에게 주님을 만나기 전에 필요한 모든 성품
과 마음을 갖추어 주옵소서.

주님이 가지고 계신 긍휼과 온유와 자비와 선을 행
하기를 기뻐하는 ○○○가 되게 하옵소서.

이웃을 사랑하고, 용서하며 관용하는 ○○○가 되
게 하옵소서.

주님이 기뻐하시는 좋은 밭으로 준비되면 말씀을
완전히 흡수하여 믿음이 더 빨리 성장할 것을 믿습
니다.

선한 사람은 마음에 쌓은 선에서 선을 내고 악한
자는 그 쌓은 악에서 악을 낸다^{눅 6:45} 고 하셨으니
○○○가 선한 마음을 쌓도록 인도하여 주옵소서.

그 쌓은 선함이 주님 안에서 결실을 맺을 수 있도

록 도우시옵소서.

주님께서 ○○○의 마음 가운데 좌정하셔서 ○○
○가 예수님의 마음을 자신도 모르는 사이 품게
되어 다른 헛된 곳을 바라보지 않도록 붙들어 주
옵소서.

○○○에게 주님께서 기뻐하지 않으시는 버려야
할 성품과 마음이 있다면, 강권적으로 역사하셔서
변화시켜 주십시오. 중심에서부터 옥토가 되어 뿌
리가 튼튼히 자라고 줄기가 튼튼한 믿음의 나무가
되게 하여 주옵소서.

예수 그리스도의 이름으로 기도드립니다.
아멘.

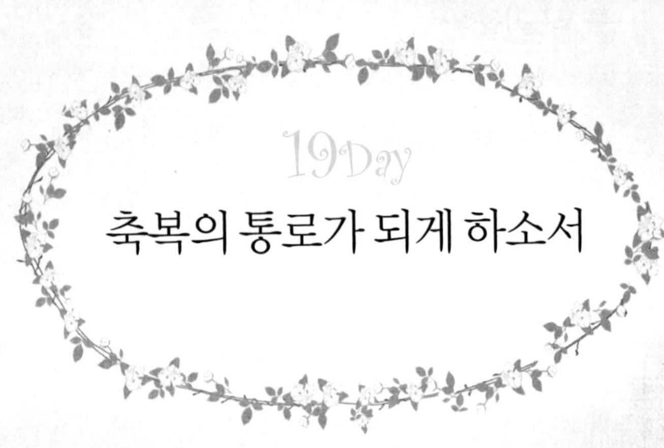

축복의 통로가 되게 하소서

우리가 주님을 사랑하기 전에,
주님께서 먼저 우리를 짝사랑하셨습니다.
자신의 가장 소중한 것을 우리에게 주셨습니다.

거기 곧 너희의 하나님 여호와 앞에서 먹고 너희의 하나님 여호와께서 너희의 손으로 수고한 일에 복 주심으로 말미암아 너희와 너희의 가족이 즐거워할지니라 신 12:7

하나님이 그들에게 복을 주시며 하나님이 그들에게 이르시되 생육하고 번성하여 땅에 충만하라, 땅을 정복하라, 바다의 물고기와 하늘의 새와 땅에 움직이는 모든 생물을 다스리라 하시니라 창 1:28

그 때에 임금이 그 오른편에 있는 자들에게 이르시되 내 아버지께 복 받을 자들이여 나아와 창세로부터 너희를 위하여 예비된 나라를 상속받으라 마 25:34

○○○에게 복을 주시기를 간구하나이다.

○○○가 만나는 사람들마다 ○○○로 인하여 복이 넘치게 하옵소서.

어떤 모임과 장소에서건 ○○○가 받은 하나님의 복이 흘러 넘쳐서 주님의 자녀로서 존귀함을 얻게 하시고, 축복의 통로가 되게 하옵소서.

○○○의 가족과 친구들이 ○○○로 인하여 복을 받게 하시고, 이웃들이 ○○○가 받은 구원의 복을 받을 수 있게 하옵소서.

○○○에게 '하나님이 함께 하는 사람' 이라는 칭호가 붙게 하소서. ○○○가 머무는 곳에는 막혔던 문제가 해결되며, ○○○의 기도로 많은 사람들에게 위로가 되게 하옵소서.

하나님은 당신의 자녀들에게 복을 주시되 영원히

주신다고 하셨으니 ○○○에게도 영원히 주님의 복을 누리게 허락하옵소서.

주님 때문에 항상 웃게 하시고, 모든 소망이 풍족히 이루어지게 하시며, 푸른 시냇가에 심은 나무처럼 생명력 넘치는 하나님의 자녀가 되게 하옵소서.

자손만대에 이르기까지 축복이 이어져서 하나님의 복을 받은 자의 표상이 되게 하옵소서.

누군가 ○○○를 기억할 때마다 하나님도 함께 기억될 수 있는 사람이 되게 하옵소서.

우리를 구원하신 예수님 이름으로 기도합니다.
아멘.

영육간에 강건하게 하소서

우리 인생의 가장 감동적인 꽃을 피우는 순간은
예수님께서 우리에게 찾아오셨을 때입니다.

너희가 주 안에서와 그 힘의 능력으로 강건하여지고 마귀의 간
계를 능히 대적하기 위하여 하나님의 전신 갑주를 입으라
엡 6:10,11

큰 은총을 받은 사람이여 두려워하지 말라 평안하라 강건하라
강건하라 그가 이같이 내게 말하매 내가 곧 힘이 나서 이르되 내
주께서 나를 강건하게 하셨사오니 말씀하옵소서 단 10:19

내 아들아 내 말에 주의하며 내가 말하는 것에 네 귀를 기울이라
그것을 네 눈에서 떠나게 하지 말며 네 마음 속에 지키라 그것은
얻는 자에게 생명이 되며 그의 온 육체의 건강이 됨이니라
잠 4:20-22

오늘도 하나님이 주신 강건함으로 기도할 수 있게 하심을 감사드리며 간절한 마음으로 주님께 기도드립니다.

우리는 아무리 건강하여도 백 년을 채 못 넘기는 인생을 삽니다. 이렇게 짧은 삶을 살면서 나 자신을 의지하고 하나님 없이 스스로 육신의 건강도 영혼의 강건함도 지킬 수 있을 거라 착각하고 여러 가지 노력을 합니다.

주님, ○○○도 이런 답답한 인생을 살고 있어 마음이 아픕니다.
○○○가 하나님의 전신갑주를 입고 영혼의 건강을 지켜내며, 주님의 말씀을 지키고 얻어서 온 육체가 건강하게 하옵소서.
우리의 강건함의 근원이 하나님께로부터 비롯됨을

알게 하옵소서.

주님, ○○○가 아침에 일어날 때 새로운 힘을 공급하여 주옵소서. 모든 피곤은 사라지게 하옵소서. 모든 장기들을 하나님께서 주관하셔서 더욱 건강하게 하여 주옵소서.
○○○의 영혼에 새 생명을 불어넣어 주사 세상의 지식과 지혜는 쓰레기처럼 버려 주시고 하나님의 말씀으로 가득 채워 주옵소서.

사랑하는 자여 네 영혼이 잘됨 같이 네가 범사에 잘되고 강건하기를 내가 간구하노라. 요삼 1:2
이 말씀이 ○○○에게 이루어질 것을 믿습니다.

예수님 이름으로 기도드립니다. 아멘.

내려놓는 기도

구하라(Ask)
당신의 죄를 용서해달라고 하나님께 구하라

믿어라(Believe)
당신을 위해 하나님의 아들이 십자가에서 돌아가셨다는
사실을 믿어라.

약속하라(Commit)
하나님 뜻에 당신의 삶을 온전히 내려놓겠다고 약속하라.

– 조니 램

태신자 변화 체크표

20일이 지났습니다.
가슴으로 품은 태신자의 심경/태도를 체크해보세요.

1. 전화 혹은 직접 심방은 몇 번 하셨나요?
   하셨다면, 태신자가 어떤 태도를 보였는지 적어보십시오.

2. 태신자에게 어떤 친절을 베풀었는지 적어보십시오.

3. 친절을 받아들이는 태신자의 태도는 어땠는지 적어보십시오.

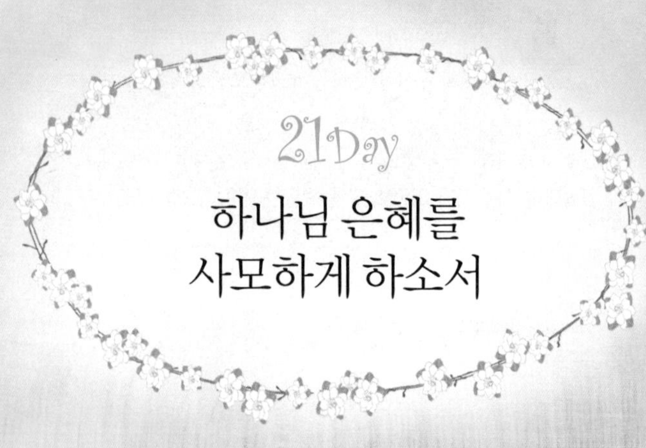

하나님 은혜를
사모하게 하소서

하나님 앞에 무익한 사람은 아무도 없습니다.
미숙할 때에도, 매력이 없을 때에도, 서투를 때에도,
피곤할 때에도, 절망에 빠져있을 때에도,
그 어떤 때에도 하나님께는 결코 무익하지 않습니다.
하나님은 하나님의 자녀들을 적절한 도구로 사용하십니다.

내가 전심으로 주께 간구하였사오니 주의 말씀대로 내게 은혜를 베푸소서 시 119:58

또 그들이 너희를 위하여 간구하며 하나님이 너희에게 주신 지극한 은혜로 말미암아 너희를 사모하느니라 고후 9:14

그러나 더욱 큰 은혜를 주시나니 그러므로 일렀으되 하나님이 교만한 자를 물리치시고 겸손한 자에게 은혜를 주신다 하였느니라 약 4:6

○○○에게 향하신 주님의 사랑에 감사드립니다.

○○○가 이 세상으로부터 부족함과 갈증을 많이 느끼기를 원합니다.

스스로 채울 수 없고, 다른 사람으로부터도 얻을 수 없고, 일로도 만족할 수 없어서 간구하는 마음이 되게 하옵소서.

먹어도 허기지고, 걸어도 목적지를 찾을 수 없으며, 사람을 만나도 채워지지 않는 외로운 마음을 주사 절대자이신 하나님 곁으로 더 가까이 가게 하옵소서.

그때 주님, ○○○곁에 찾아가 은혜로우신 넓은 가슴에 품어 주옵소서.

주님, ○○○가 낮아지고 낮아져서 더욱 큰 은혜를 받을 수 있는 그릇이 되게 하옵소서. 자신의 노력

만으로 세상을 이길 수 없음을 알고 주님의 은혜와
사랑을 절실히 원하는 마음이 되게 하옵소서.

매 순간마다 세심하게 돌보시는 주님의 조건없이
베푸시는 사랑을 체험하게 하옵소서.

 주님께서는 이미 ○○○에게 주실 큰 은혜의 보따
리를 준비하고 계신 줄 믿습니다. ○○○의 부족함
을 보지 마시고 ○○○를 불쌍히 여기사 큰 선물을
하루 속히 받을 수 있는 날을 허락하옵소서.
그 날을 사모하는 마음을 주옵소서.

예수님의 이름으로 간구하나이다. 아멘.

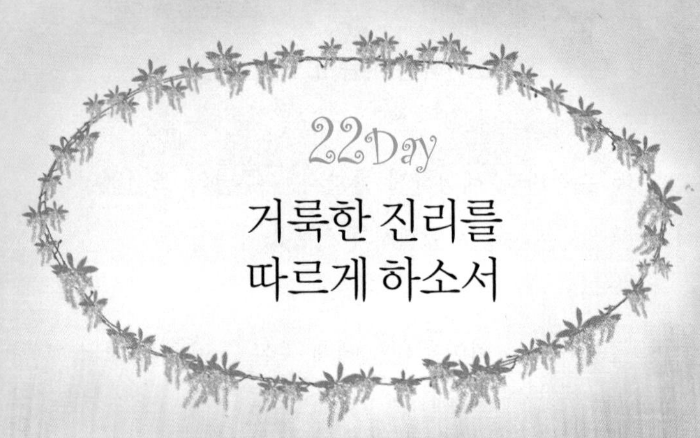

하나님께서는 우리 각 사람을 향해
천하보다 귀한 존재요,
유일한 존재라 말씀하십니다.

그들을 진리로 거룩하게 하옵소서 아버지의 말씀은 진리니이다
요 17:17

그러나 진리의 성령이 오시면 그가 너희를 모든 진리 가운데로 인도하시리니 그가 스스로 말하지 않고 오직 들은 것을 말하며 장래 일을 너희에게 알리시리라 요 16:13

주의 말씀의 강령은 진리이오니 주의 의로운 모든 규례들은 영원하리이다 시 119:160

거룩하신 주님, ○○○에게 진리의 영을 분별하게
하옵소서.

거짓과 진리 사이에서 방황하지 않게 하시고, 항상
진리 편에 서는 ○○○가 되게 하옵소서.

어떤 것을 받아들여야 하고, 무엇을 버려야 하는지
구분할 수 있는 주님의 지혜로 채워 주옵소서.

많은 가르침과 책과 대중매체가 난무하는 이 시대
에 우리를 혼미하게 하는 거짓 진리에 현혹되지 않
게 도우시옵소서.

세상의 유행과 풍조가 마치 우리가 반드시 받아들
여야 할 과정인 것처럼 되어 버렸습니다. 하나님
말씀이 ○○○의 인생에 기준이 되게 하시고, 온전
한 진리이신 예수 그리스도를 따르게 하옵소서.

인자와 진리가 네게서 떠나지 말게 하고 그것을 네 목에 매며 네 마음판에 새기라^{잠 3:3} 고 하신 명령의 말씀을 ○○○가 지킬 수 있도록 주님을 중심에 모셔들이게 하옵소서.

○○○가 "나는 진리를 거슬러 아무 것도 할 수 없고 오직 진리를 위할 뿐"^{고후 13:8참조} 이라고 당당히 고백할 수 있도록 인도해 주옵소서.

거룩한 주님의 성도가 되게 하옵소서.

예수 그리스도의 이름으로 간구합니다. 아멘.

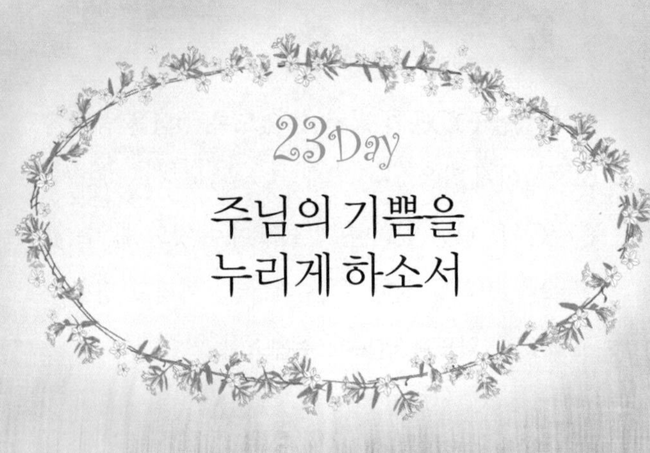

세상의 기준에 맞춰 자신의 모습을 바꿔가고
부족한 점만을 보고 실망하기 보다는
우리 자신 안에 있는 나만의 달란트를 발견하고
나 자신의 가치를 주님의 가치 안에 두어야 합니다.

내가 주의 택하신 자가 형통함을 보고 주의 나라의 기쁨을 나누
어 가지게 하사 주의 유산을 자랑하게 하소서시 106:5

주 안에서 항상 기뻐하라 내가 다시 말하노니 기뻐하라빌 4:4

그러면 무엇이냐 겉치레로 하나 참으로 하나 무슨 방도로 하든
지 전파되는 것은 그리스도니 이로써 나는 기뻐하고 또한 기뻐
하리라빌 1:18

○○○가 구원을 얻고 기쁨의 눈물을 흘릴 날을 바라보며 기도드립니다.

○○○가 주님께서 주신 말로 표현할 수 없는 기쁨을 느끼게 하여 주옵소서.
하나님께서 기뻐하시는 일이 ○○○도 기쁘고, 하나님께서 만족하시는 일이 ○○○에게도 만족이 되게 하옵소서.

지금까지 가졌던 일시적이며 육신적인, 잠시잠간 왔다가 사라지는 기쁨이 아니라 ○○○의 일생동안 사그라지지 않는 기쁨으로 인도해 주옵소서.
주님의 사랑을 의지하고 주님의 충만한 구원을 기뻐하는 ○○○가 되게 하옵소서.
은혜의 하나님으로 말미암아 즐거워하며 구원의 하나님으로 말미암아 기뻐하게 하옵소서.

순간적인 쾌락을 위해 자신을 낭비하지 않게 하옵
소서.
남의 불행으로 기뻐하거나 하나님이 좋아하시지
않는 일로 잘못된 즐거움을 맛보지 않게 하소서.
선을 행함으로 참된 기쁨을 나눌 수 있게 하시며,
주님의 성도들과 함께 기뻐하는 ○○○가 되게 하
소서.

예수님의 이름을 의지하여 기도드립니다. 아멘.

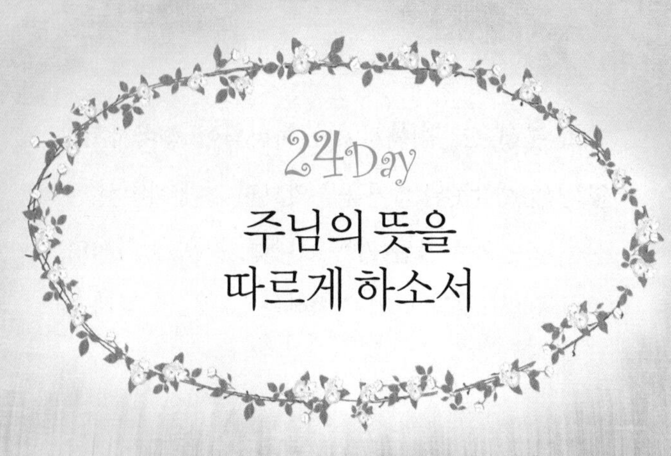

세상의 가치에 자신의 모습을 맞추는 한
우리에게 만족은 없습니다.
나를 나보다 더 잘 아시는
주님의 목소리에 귀를 기울이십시오.
주님이 나를 창조하실 때 내게 허락하신
귀한 목적과 사명에 관심을 기울이십시오.

너희는 이 세대를 본받지 말고 오직 마음을 새롭게 함으로 변화를 받아 하나님의 선하시고 기뻐하시고 온전하신 뜻이 무엇인지 분별하도록 하라 롬 12:2

그리스도 예수의 종인 너희에게서 온 에바브라가 너희에게 문안하느니라 그가 항상 너희를 위하여 애써 기도하여 너희로 하나님의 모든 뜻 가운데서 완전하고 확신 있게 서기를 구하나니 골 4:12

여호와의 말씀이니라 너희를 향한 나의 생각을 내가 아나니 평안이요 재앙이 아니니라 너희에게 미래와 희망을 주는 것이니라 렘 29:11

다음 페이지의 기도문을 읽으면서 마음을 다해 기도하십시오.

주님, 오늘도 주의 영으로 새롭게 하심을 감사합니다.

사람의 뜻과 생각을 버리고 주님의 길을 따르는 ○○○가 되기를 기도합니다.
먹든지 마시든지 무엇을 하든지 주님의 영광을 위해 살아가는 ○○○가 되게 하옵소서.

믿음으로 주님을 영접하고 확고한 반석이신 예수 그리스도 위에 자신의 삶을 올려 드리게 하옵소서.
무슨 일이든 주님 안에서 마음을 정하고 주님이 주신 목적지를 향하여 정진하는 삶을 살게 하옵소서.

주님은 우리에게 평안과 미래와 희망을 주시는 분이십니다. 주님 안에서 목표를 세우면 작은 것까지도 책임져 주시는 분이심을 ○○○가 믿고 따를 수 있도록 하옵소서.

하나님의 선하시고 기뻐하시는 뜻을 따르게 하시며, 하나님의 뜻 가운데 완전하고 확신있게 서는 ○○○가 되게 하옵소서.

모든 결정에 앞서 주님의 뜻을 먼저 구하게 하시고, '주님이시라면 어떻게 하실까?'를 생각하며 기도로 결정할 수 있는 ○○○가 되기를 간절히 간구드립니다.

주님께 한번 마음을 정하면 이 세상 끝나는 날까지 절대 흔들리지 않고 바울처럼 푯대를 향하여 나아가는 ○○○가 되게 하여 주소서.

○○○의 삶을 주관해 주실 예수님의 이름으로 기도드립니다. 아멘.

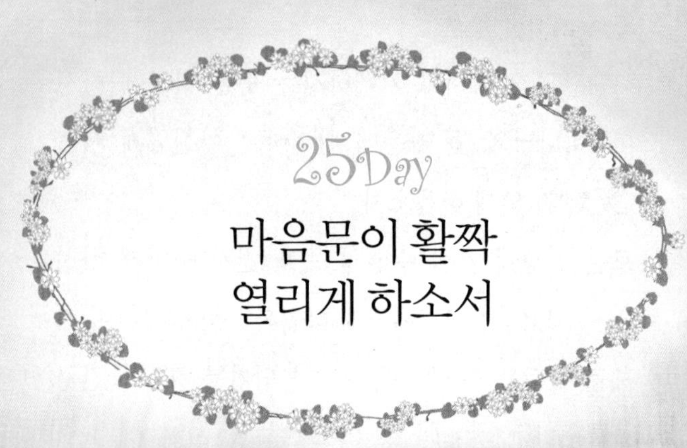

우리의 신앙을 나누며 실제적인 도움을 주고
사랑의 마음으로 품는 것 또한 전도입니다.

 먼저 말씀을 묵상하십시오.

너희는 여호와를 만날 만한 때에 찾으라 가까이 계실 때에 그를 부르라 사 55:6

여호와는 마음이 상한 자를 가까이 하시고 충심으로 통회하는 자를 구원하시는도다 시 34:18

여호와께서는 자기에게 간구하는 모든 자 곧 진실하게 간구하는 모든 자에게 가까이 하시는도다 시 145:18

다음 페이지의 기도문을 읽으면서 마음을 다해 기도하십시오.

주님, 우리를 대가없이 은혜로 구원해 주셔서 감사
합니다.

주님, 세상의 마지막이 가까이 왔다고 합니다.
언젠가는 천국으로 가는 문도 닫히고 마지막 기회
마저 떠나갈 것입니다.

○○○가 주님을 만나지 못한 채로 그 날을 맞이하
지 않도록 은혜 베풀어 주옵소서.
○○○를 불쌍히 여기사 천국의 삶을 이 땅에서도
맛볼 수 있도록 인도해 주옵소서.
○○○의 마음문을 주님께서 열어 주실 것을 믿습
니다.
스스로 열기를 주저하고 있다면, 강권하셔서 ○○
○의 마음 안으로 들어가 주실 것을 또한 믿습니다.

주님 앞에 무릎 꿇지 않고는 베길 수 없는 환경과 심정이 되게 하여 주옵소서.

주님의 오른손으로 ○○○를 붙들어 주옵소서.

주님을 찾고 구하는 자가 되어서 가까이 계시는 주님과 대화할 수 있는 ○○○가 되게 하옵소서.

○○○의 마음의 벽이 아무리 단단해도 주님께서 그 벽을 허물어 주실 줄 믿습니다.

하나님을 만날 만한 때에 찾고 가까이 계실 때에 주님을 부르는 ○○○가 되게 하옵소서. 중심에서 통회하고 자복하는 심정이 되게 하옵소서.

○○○의 마음문을 두드리고 계시는 예수님의 이름으로 기도드립니다. 아멘.

대화의 1-2-3 법칙

가장 유익한 대화는
자기의 말은 1분 동안만 하고,
상대방의 말은 2분 동안 들어주고,
3분 동안은 상대방의 말에
맞장구를 쳐주는 것입니다.

태신자 변화 체크표

25일이 지났습니다.
가슴으로 품은 태신자의 심경/태도를 체크해보세요.

1. 전화 혹은 직접 심방은 몇 번 하셨나요?
   하셨다면, 태신자가 어떤 태도를 보였는지 적어보십시오.

2. 태신자에게 어떤 친절을 베풀었는지 적어보십시오.

3. 친절을 받아들이는 태신자의 태도는 어땠는지 적어보십시오.

주님께 전 생애를 맡기는
큰 복을 허락하소서

내가 사랑하는 친구가
멸망으로 가지 않도록 마음을 모아 봅시다.
언제나 활활 타오르는 열정으로
나의 친구를 위해 주님께 간구를 드립시다.
오늘의 기도가 하루하루 모여
큰 기적의 강을 건너게 합니다.

네 길을 여호와께 맡기라 그를 의지하면 그가 이루시고 네 의를
빛 같이 나타내시며 네 공의를 정오의 빛 같이 하시리로다
시 37:5,6

여호와를 의지하는 자는 시온 산이 흔들리지 아니하고 영원히
있음 같도다 시 125:1

그러나 무릇 여호와를 의지하며 여호와를 의뢰하는 그 사람은
복을 받을 것이라 그는 물 가에 심어진 나무가 그 뿌리를 강변에
뻗치고 더위가 올지라도 두려워하지 아니하며 그 잎이 청청하
며 가무는 해에도 걱정이 없고 결실이 그치지 아니함 같으리라
렘 17:7,8

다음 페이지의 기도문을 읽으면서 마음을 다해 기도하십시오.

저를 구원해 주신 주님의 은혜에 감사를 드립니다.

○○○에게 오늘 하루 감사하고 기쁜 일들이 많이 생기도록 인도하여 주옵소서.

○○○가 아직은 주님을 의지하지 않지만, 주님께서는 ○○○와 함께 동행해 주실 줄 믿습니다.

○○○가 사람을 의지하던 마음에서 벗어나 주님을 찾게 하시고, 부유한 삶도, 성공하는 삶도 모두 주님 안에서 이루어지기를 원하도록 변화시켜 주옵소서.

이 세상에서 추구하는 안락한 삶이 얼마나 허망한 것인지 깨닫게 하시고, 주님의 뜻을 묵묵히 따르는 ○○○가 되도록 도와주옵소서.

모든 행사를 여호와께 맡기라 그리하면 네가 경영하는 것이 이루어지리라… 여호와를 의지하는 자는 복이 있느니라 잠 16:3 는 주님의 말씀과 모든 삶을 주님께 맡기는 자에게 형통한 은혜를 주시고 주님을 의지하는 자에게 복을 주신다는 말씀을 ○○○가 믿고 그 길을 가도록 복 내려 주옵소서.

주님께 자신의 전 생애를 드리는 큰 복을 ○○○에게 허락하여 주옵소서.

입에서 찬양이 흘러나오며 길을 걸으면서도 주님 때문에 뛸 듯이 기뻐할 수 있는 복된 삶으로 인도하여 주옵소서.

흑암 중에 행하여 빛이 없는 자라도 여호와의 이름을 의뢰하며 자기 하나님께 의지할지어다 사 50:10 라고 하신 주님의 음성을 듣게 하여 주옵소서.

예수님의 이름으로 기도드립니다. 아멘.

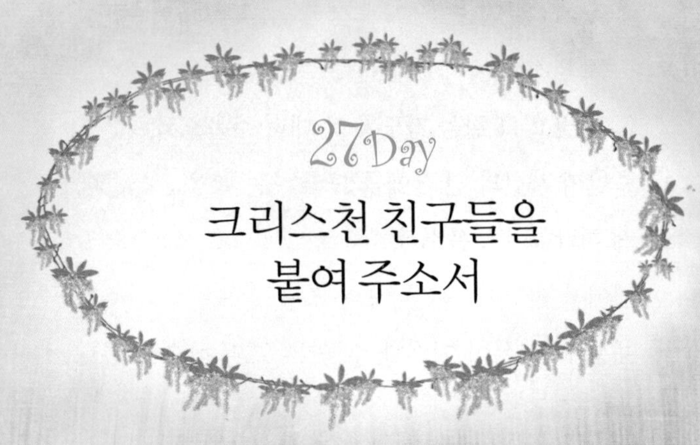

성경은 쉬지 말고 기도하라고 합니다.
전도도 한 사람의 영혼을 놓고 쉬지 말고 기도하며
계속해서 교회로 이끄는 것입니다.

나는 주를 경외하는 모든 자들과 주의 법도들을 지키는 자들의 친구라 시 119:63

사람이 마음으로 자기의 길을 계획할지라도 그의 걸음을 인도하시는 이는 여호와시니라 잠 16:9

하나님은 나의 견고한 요새시며 나를 안전한 곳으로 인도하시며 삼하 22:33

 다음 페이지의 기도문을 읽으면서 마음을 다해 기도하십시오.

사랑의 주님과 가까이 동행하게 됨을 감사드립니다.

○○○에게 많은 친구들이 있으나 ○○○를 위해 기도해주는 친구들은 몇 명이나 되는지요?

○○○주변에 크리스천 친구들이 많이 생겼으면 좋겠습니다.

○○○의 가장 가까이서 함께 어울리고 크리스천의 향기를 품으며 믿음의 충고를 아끼지 않는 귀한 친구들을 붙여 주옵소서.

그 친구들로 하나님의 견고한 요새를 형성하여 ○○○를 안전한 곳으로 인도해 주옵소서.

○○○가 크리스천 친구들에게 더욱 마음이 끌리게 하옵소서. 그 친구들을 만날 때 마음이 평안하고 즐겁게 하시고 자주 어울릴 수 있는 기회를 만들어 주옵소서. 친구들이 믿는 하나님을 자신도 믿고 싶은 마음을 주옵소서.

저 또한 ○○○에게 크리스천의 모범이 되도록 인
도해 주옵소서.

그 누구보다 주님이 자신을 가장 아끼는 멋진 친구
임을 알게 하옵소서.
기쁠 때나 슬플 때나 주님은 ○○○를 떠나지 않고
함께 나누고, 자신보다 더 ○○○를 사랑하며 유일
하게 모든 것을 아낌없이 줄 수 있는 친구가 되어
주실 줄을 믿습니다.

예수님의 이름으로 기도드립니다. 아멘.

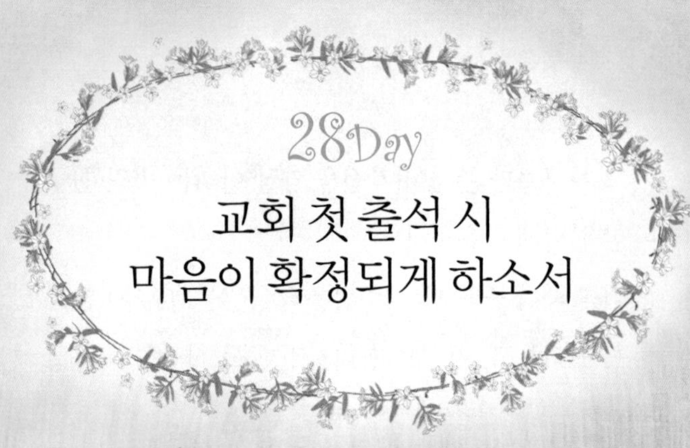

우리의 영적 생활의 활력은
우리의 생활과 생각 속에 자리잡은
성경의 비중에 달려 있다.

-죠지 뮬러

 **먼저 말씀을 묵상하십시오.**

하나님이여 내 마음이 확정되었고 내 마음이 확정되었사오니
내가 노래하고 내가 찬송하리이다_{시 57:7}

오직 나는 주의 풍성한 사랑을 힘입어 주의 집에 들어가 주를 경
외함으로 성전을 향하여 예배하리이다_{시 5:7}

내가 너희 중에서 예수 그리스도와 그가 십자가에 못 박히신 것
외에는 아무 것도 알지 아니하기로 작정하였음이라_{고전 2:2}

 **다음 페이지의 기도문을 읽으면서 마음을 다해 기도하십시오.**

주님, ○○○가 초청에 응하여 교회에 꼭 출석할
것을 믿습니다.
초청의 날, 하늘의 천군천사들이 노래하며 춤추는
감격의 날이 되게 하여 주옵소서.

○○○가 교회에 처음 출석하는 날을 기대감으로
기다리게 하옵소서.
첫 예배를 드린 후에 "내 마음이 확정되었사오니
내가 노래하고 찬송하리이다"라는 시편 기자의 고
백을 하도록 인도하옵소서.
주님께서 ○○○에게 영생을 주시기로 작정하셨다
고 믿사오니, ○○○가 믿는 자의 대열에 합류할
수 있도록 하옵소서.

첫 예배를 드리는 동안 설교 말씀에 마음이 뜨거워
지게 하시고, 들려오는 찬송이 자신의 고백으로 들

리게 하옵소서. 성도들의 교제의 중심에 자신도 함
께 할 수 있기를 간절히 원하게 하옵소서.

○○○가 교회 첫 출석 이후에 다시는 마음이 흔들
리지 않도록 꼬-옥 붙들어 주옵소서. 어떤 환경과
사람의 방해가 있어도 예배드리러 나오는 것만은
빠지지 않도록 확고한 마음을 심어 주옵소서.
○○○가 바울의 고백처럼 '오직 예수 그리스도와
그의 십자가에 못 박히신 것'에 온전한 관심을 쏟
을 수 있게 인도하실 것을 믿습니다.

오늘 드리는 기도를 응답해 주실 것을 믿으며, 예
수님 이름으로 기도드립니다. 아멘.

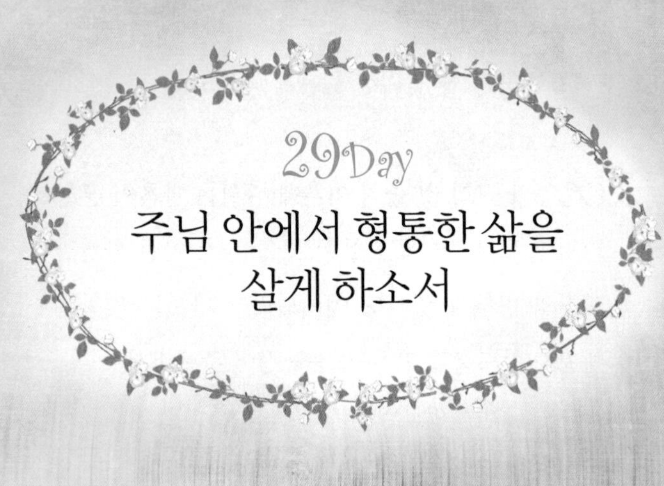

성숙한 크리스천은 의무감에 사로잡혀서는 안 된다.
오히려 열정에 사로잡혀야 한다.
우리의 모든 행동은 하나님을
기쁘시게 하는 것이어야 하기 때문입니다.

보라 내 종이 형통하리니 받들어 높이 들려서 지극히 존귀하게 되리라 사 52:13

그는 시냇가에 심은 나무가 철을 따라 열매를 맺으며 그 잎사귀가 마르지 아니함 같으니 그가 하는 모든 일이 다 형통하리로다 시 1:3

존귀하신 주님, 저를 지금까지 인도해 주시고 지켜
주셔서 감사드립니다.

○○○가 주님 안에서 형통한 삶을 살게 하옵소서.
주님 안에서 계획이 이루어지게 하시고, 주님 안에
서 더욱 큰 복을 받게 하옵소서.

○○○가 어디를 가나 존귀히 여김을 받게 하시고,
○○○를 만나는 사람마다 '나도 ○○○처럼 예수
믿고 싶다' 는 소망이 생기게 하옵소서.

"그는 시냇가에 심은 나무가 철을 따라 열매를 맺
으며 그 잎사귀가 마르지 아니함 같으니 그가 하는
모든 일이 다 형통하리로다"라는 시편의 말씀이 ○
○○에게 이루어지게 하옵소서.

사람과의 관계도 형통하게 하시고, 학업(사업)도 형

통하게 하시며, 들어가도 나와도 복을 받게 하소서.

이 세상에는 사람이 보기에 좋아보이는 출세와 성공과 화려한 겉모습들이 많이 있습니다. 그 중에는 하나님께서 혐오하시는 것들이 있는데 ○○○가 주님을 믿고 잘 분별할 수 있도록 하옵소서.
'주님 안에서의 형통'과 '주님 밖에서의 형통'을 구분하게 하시고 하나님이 주시는 길이라면 감사히 어떤 길도 걸어갈 수 있는 ○○○가 되게 하옵소서.
주님과 더불어 기뻐하며, 주님의 율례와 법도를 지키는 자에게 복이 임하게 하시는 체험을 하게 하실 것을 믿습니다.

예수님의 이름으로 기도드립니다. 아멘.

중심이 선 사람은 흔들리지 않습니다.
바람이 불어도 눈보라가 쳐도 흔들임없이 제 갈 길을 갑니다.
일희일비(一喜一悲)하는 것은 중심이 서있지 않음의 증거입니다.

–다비드

 **먼저 말씀을 묵상하십시오.**

너희가 전에는 어둠이더니 이제는 주 안에서 빛이라 빛의 자녀들처럼 행하라 엡 5:8

너희가 서로 거짓말을 하지 말라 옛 사람과 그 행위를 벗어 버리고 새 사람을 입었으니 이는 자기를 창조하신 이의 형상을 따라 지식에까지 새롭게 하심을 입은 자니라 골 3:9,10

너희는 유혹의 욕심을 따라 썩어져 가는 구습을 따르는 옛 사람을 벗어 버리고 오직 너희의 심령이 새롭게 되어 하나님을 따라 의와 진리의 거룩함으로 지으심을 받은 새 사람을 입으라

엡 4:22-24

 **다음 페이지의 기도문을 읽으면서 마음을 다해 기도하십시오.**

주님, ○○○를 어둠의 자녀가 아닌 빛의 자녀로
인도하여 주옵소서.

○○○가 하나님을 따라 의와 진리의 거룩함으로
지으심을 받은 새 사람을 입게 하여 주옵소서.

옛사람의 행위를 벗어 버리고 우리를 창조하신 하
나님의 형상을 따라 새롭게 하옵소서.

○○○에게 주님의 모습을 사모하고 그렇게 살아
가고 싶은 간절함을 주옵소서.

"유혹의 욕심을 따라 썩어져 가는 구습을 따르는
옛 사람을 벗어버리고 심령이 새롭게 되어 하나님
의 의와 진리의 거룩함으로 지으심을 받은 새사람"
이 되게 하여 주옵소서.

그러기 위해 ○○○에게 주님의 새생명을 주시고
그로 인하여 주님의 새성품이 ○○○의 새생활로
표현되게 하옵소서.

주님을 떠나 살았던 모든 삶에 대한 애착을 버리고
주님 안에서 삶을 다시 시작하게 하옵소서.
세상적인 즐거움에 대한 흥미를 잃게 하시고, 주님
안에서의 새 생활에만 즐거움을 느끼게 하여 주옵
소서.

하늘도 새롭고, 땅도 새롭고, 주위의 모든 것을 주
님의 시각으로 바라보게 하옵소서.
다시 태어나는 거듭남의 체험을 하게 하옵소서.

예수 그리스도의 이름으로 간구드립니다. 아멘.

입이나 손이나 발이나
돈으로 전해지는 것이 아닙니다.
복음은 다만
사랑으로 전해지는
사랑의 편지입니다.

태신자 변화 체크표

30일이 지났습니다.
가슴으로 품은 태신자의 심경/태도를 체크해보세요.

1. 전화 혹은 직접 심방은 몇 번 하셨나요?
   하셨다면, 태신자가 어떤 태도를 보였는지 적어보십시오.

2. 태신자에게 어떤 친절을 베풀었는지 적어보십시오.

3. 친절을 받아들이는 태신자의 태도는 어땠는지 적어보십시오.

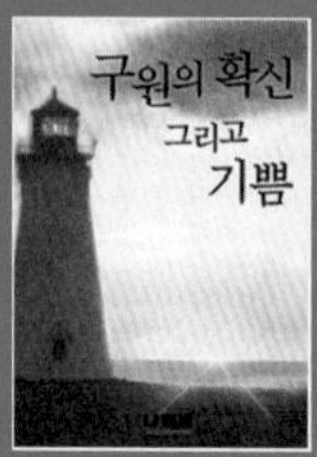

구원의 확신 그리고 기쁨

조지 커팅 지음

구원받았느냐는 질문에 망설이는 크리스천이라면
누구나 읽어야 할 책. 또 초신자들은 반드시
읽어야 할 필독서.
이 책을 통해 당신은 구원이란 무엇이며
구원에 대한 확신은 어디에서 오는 것인지
정확하게 파악할 수 있다.

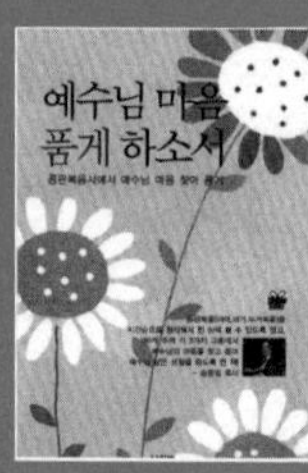

예수님 마음 품게 하소서

한국독립교회 및 선교단체 협회장 / 송용필 목사 지음

공관복음서에서 예수님 마음 찾아 품기
큐티/가정예배/성경공부/새벽기도와 설교용

- 공관복음에서 180개 주제 540개 교훈제시!
- 예수님 마음과 가치관 품고, 성경적 생활 방법 안내!
- 예화 / 배경설명 /교훈 / 생활적용 / 기도… 순서로 된 책!

그분과 함께 갑시다!

윤상언 목사 지음

행복과 위로와 격려와 희망을 찾는 사람에게
갈 길을 열어주는 책!

전도용으로도 아주 좋은 책!

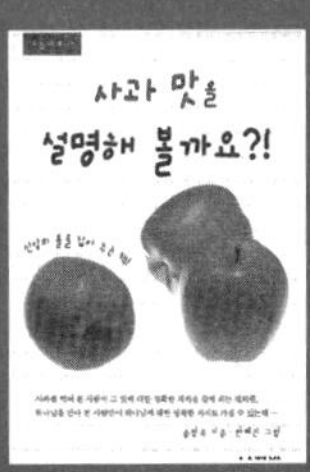

사과맛을 설명해 볼까요?!

송영옥 목사 지음

하나님을 만난 감격에 못 이겨, 한 사람 한 사람에게
하나님의 사랑을 전하다가 더 많은 사람들이
하나님을 만나기 바라는 마음으로
이해하기 쉽게 쓴 책! 신앙의 기본틀을 잡아주는 책!!

인생을 바꿔주는 것

하순회 교수 지음

의미없는 인생에서 가치있는 인생으로-
부끄러운 인생에서 아름다운 인생으로-
바꿔주는 분이 가까이에 계십니다!

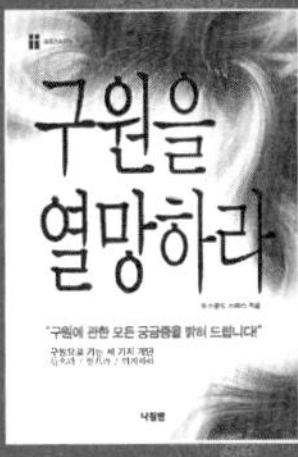

구원을 열망하라

오스왈드 스미스 지음

구원에 관한 모든 궁금증을 시원하게 밝혀드립니다!
영생을 향한 열정이 회복됩니다!
천국의 소망이 구체적으로 다가옵니다!

관중을 압도하는 강력한 메시지로 전 세계의 부흥을
주도한 오스왈드 스미스의 대표작!

태신자를 위한
무릎기도문

엮은이 | 편집부
발행인 | 김용호
발행처 | 나침반출판사

6쇄 발행 | 2022년 9월 25일

등 록 | 1980년 3월 18일 / 제 2-32호
주 소 | 157-861 서울 강서구 염창동 240-21
　　　　블루나인 비즈니스센터 B동 1607호
전 화 | 본　　사(02)2279-6321
　　　　영업부(031)932-3205
팩 스 | 본　　사(02)2275-6003
　　　　영업부(031)932-3207

홈페이지 | www.nabook.net
이 메 일 | nabook@korea.com
　　　　　nabook@nabook.net

ISBN　978-89-318-1415-6
책번호　바-1026

값은 뒷표지에 있습니다.